财富赢家必修课

蒋光祥　魏敏　著

四川人民出版社

图书在版编目（CIP）数据

财富赢家必修课/蒋光祥，魏敏著. —成都：四川人民出版社，2020. 1

ISBN 978 -7 -220 -11620 -9

Ⅰ. ①财… Ⅱ. ①蒋… ②魏… Ⅲ. ①金融投资 - 通俗读物 Ⅳ. ①F830. 59 -49

中国版本图书馆 CIP 数据核字（2019）第 206680 号

CAIFU YINGJIA BIXIUKE

财富赢家必修课

蒋光祥　魏敏　著

策划组稿	何朝霞
责任编辑	薛玉茹
封面设计	张　科
版式设计	戴雨虹
责任校对	韩　华
责任印制	许　茜
出版发行	四川人民出版社（成都市槐树街 2 号）
网　　址	http://www. scpph. com
E-mail	scrmcbs@ sina. com
新浪微博	@ 四川人民出版社
微信公众号	四川人民出版社
发行部业务电话	（028）86259624　86259453
防盗版举报电话	（028）86259624
照　　排	成都木之雨文化传播有限公司
印　　刷	四川华龙印务有限公司
成品尺寸	170mm ×240mm
印　　张	14
字　　数	170 千
版　　次	2020 年 1 月第 1 版
印　　次	2020 年 1 月第 1 次印刷
书　　号	ISBN 978 -7 -220 -11620 -9
定　　价	49. 00 元

自序
preface

财富管理　即刻启程

言及财富，我们通常会羡慕身边已经实现财务自由的朋友，他会自己笑得多一些，而不是陪笑多一些；自己喜欢的人与事多一些，而不是无奈与木然多一些。爱憎随心，不会终日因不会打麻将，不会打“掼蛋”（一种在苏皖以及周边地区广为流传的扑克游戏）而被人视为不合群的傻蛋；不必既无兴趣，又得装着很关心地与人谈论昨晚酒局谁喝得多谁喝得少，谁吐了或谁没吐，也不必讨论上周牌局里谁赢多少谁又输多少这样无聊的话题。人们对其如何发财往往津津乐道，但往往忽视另外一个关键：他们平常是如何保卫自身的财富？

这些幸运儿之外是芸芸众生，无论是把美特斯邦威当作名牌的小县城，还是各类奢侈品品牌林立的大城市，大众挣钱总归不易。路边公交车站上的广告文案扎心指出：年纪越大，越没有人会原谅你的穷。最心酸的场景不过是成年人的自惭形秽，跟着进站的公交车跑，跑着跑着总有跑不动的一天。而后，在沃尔玛门口徘徊多时，就为等八点后的降价。虽有内心的善良作为依仗，但在现实生活中，一些经过包装或者原始的骗局，未曾因某些人善良，而放过他们吃了那么多苦，才积攒下来的点滴财富。

无论是土豪还是普通家庭，对于来之不易的财富，都有保值增值的朴素企盼。但在很多非金融人士的脑海中，对普遍的投资收益率并没有概念。往往从众做羊群，身边有人做 A 自己想不到做 B；甚至在战略完全失误的前提下，感动于自己战术上的勤奋，乃至越错越远，以致有机会得以重温凯恩斯的名言——“市场延续非理性价格的时间比你撑住没破产的时间长”；正是因为财经素养的缺位，不少人被骗子的人设与噱头所蒙蔽，这实在是无法言说的痛楚。

我们身处一线都市、国际金融中心上海，硕士毕业后一直从事相关工作与研究迄今，观潮起潮落，对于周遭的山寨金融骗局始终保持着“冷眼”旁观与积极思考的兴趣。既在“圈内”，又知其实质，最大便利是不会轻易相信一些莫名其妙、乱七八糟的骗子成色，冷眼旁观的好处是往往可以一眼看穿。

站在 2019 年的今天，对于不少“圈外”读者来说，对包括但不限于股票、基金、债券、保险、银行理财、互联网金融、金融科技等泛资本领域进行深入透彻的了解，迫在眉睫，再也晚不得时日，更无借口加以回避。骗子们最爱也最善于利用金融的复杂性，让投资者看不懂，也听不明白，这样一来他们就成功了一半。在形形色色的投资者中，在其他领域颇有建树者大有人在，却在此刻充当了金融文盲的角色，实在令人遗憾。倘若他们拿出在各自领域 5% ~10% 的知识储备和精力来保护自己与家人的财产安全，骗子们根本没有机会。

如今，我们将股票、基金、债券、保险、银行理财、互联网金融、金融科技等泛资本领域的长期观察与思考终于结集成册，心里甚为忐忑。这是因为，我们深知在理论性和系统性方面差强人意，不过以这种方式进行“另类”投资者教育，或许更有生命力。如果你走进书店，正好翻阅到此书，说明你在财富管理方面有了初步的思考或想对之前的投资理财行为进行总结反思。无论是因何目的翻开本书，我们都是跋涉在财富管理道路上的朋友。来吧，你和我们一起，即刻启程。

2019 年 4 月于上海

目录

CONTNES

第一章 资本市场的相关规则

第二章 金融科技发展迅猛，安全之锁不可缺

第三章 互联网金融投资环境嬗变，雾里看花不可取

第四章 各有各的套路，银行保险债券投资考

第五章 电商巨头突围，大佬们的新思考

第六章 追踪市场热点，这些大事你要知道

Chapter 1
第一章

资本市场的相关规则

资本市场充斥着各种信息。当虚假消息漫天飞舞，当国际市场巨幅震荡……散户难道只能做待宰羔羊？要玩转资本市场，那些或明或暗的规则，你必须提前读懂并参透。高手从来不打无准备之仗，你离高手到底还有多远？

一 科创板是股市发展契机，但不一定是赚钱契机

进入2019年，有关科创板的每一个消息无疑都被市场重点关注。数据显示，截至2019年3月初，已获受理的科创板基金已达到31只，上报的科创板基金也已达到45只。4月末，首轮获批的7只科创板基金一点不出人意料地提前结束募集。考虑到首轮科创板基金每只10亿元的上限，在“末日比例确认”的原则之下，除工银瑞信之外，华夏、富国、汇添富、南方、嘉实等几只科创板基金的配售比均在10%之下。其中华夏科创基金的最终配售比低至4.08%，刷新了公募基金史上的最低配售比例。

笔者揣测，限额应该是被动而非主动之举，这些基金公司的内心肯定是意犹未尽的，好不容易赶到个“爆款”，恨不得照单全收的大

有人在。从过往经验来看，限额无疑是对中小投资者的一种保护。翻翻过往百亿级扎堆抢购的股票型基金的走势图就不难明白。

以科创板公募基金最为人所寄希望的“打新”功能来看，虽然在科创板股票上市后的网下“打新”上具备一定优势，但以基金10亿元体量的中签率来看，测算出来的“打新”收益顶多在一个点左右。这一个点再遇上一些基金设有封闭期一年不等的限制，最后打开时还剩多少真的不好说。除了“打新”，科创板基金再想取得高收益，只能靠投资股票。而科创板允许未盈利创新企业上市，传统A股那套市盈率与市净率估值方法此刻并不适用，注册制“包容”之下的科创企业并不以净资产规模及历史盈利水平论英雄。何况之前主打中小板、创业板股票的基金表现也并不都尽如人意，科创板基金靠股票投资来获取超额收益又谈何容易？反而面临比以往更大的投资风险。

因而，有理由认为，科创板虽然是股市发展契机，但不一定是投资者赚钱契机，起码现在不是。当前，我们应该将更多的目光聚焦于科创板给资本市场带来的质变因素，关注其落地生根和开花结果。市场倘若可借此革故鼎新之机发展向好，参与者自然能赚钱。所以，当前监管给科创板设置了不低的投资者适当性条件（50万元资产，两年投资经验等），并且在科创板网下配售中并不包括个人投资者，是对中小投资者的一种保护。达不到门槛的中小散户要分享科创板收益，目前可以通过公募基金来参与，但切勿抱着挣“快钱”的目的，同时也多给基金经理证明自己投资绩效的时间。否则即便从一个沉疴积弊的市场当中侥幸挣了点，还是会很快地还给市场。只有身处一个健康的市场，才有大部分人在大部分时间挣钱的机会。

除了在科创板试行“大进大出”、优胜劣汰，保证上市公司质量的注册制之外，传统A股市场存在的例如上市公司随意停牌、停牌时间过长、停牌原因（往往是借停牌躲避特殊市场状况）含糊不清等严重影响股票流动性，对投资人的知情权、交易权造成伤害的行为，都可以在科创板一开始就进行规范。再譬如科创板在声誉约束和合规约束之外，通过利益约束，“强制”保荐机构通过旗下子公司以自有资金对科创板新股以发行价格进行认购，跟投主体不参与询价与定价，只能被动接受价格，认购比例为2%～5%，且锁定期两年。这显然是支持良币驱逐劣币的善举，无疑将重塑保荐中介行业生态。因此，站在更高的视野，我们应该对科创板诸多方面的发展抱有期待。

二

“无法保证信披内容的真实性”也是一种进步

从2018年下半年开始迄今，赫美集团、千山药机、田中精机、康得新等上市公司的季报、年报等日常信息披露中，均出现高管（财务总监、董秘、总经理、独董、董事等）“无法保证本报告内容的真实、准确、完整”的表述，理由五花八门，“非会计专业人士，不具备相关知识储备”，直指“造假”等不一而足。如果说数年前的*ST博元、ST华信曾有高管出具这样的“无法保证”时十足令人惊诧，业界哗然，但现在这一现象似乎已经不再令人意外，看上去经营还算正常的上市公司高管也越来越具备复制之“勇气”。这无疑是当下资本市场一个值得关注的现象，“有趣”而又发人深思。

众所周知，审计机构为上市公司出具保留意见或拒绝出示意见，或无法表示意见的审计报告并不令人意外，毕竟作为外部机构，没有理由去蹚“浑水”。但董监高（即董事、监事、高级管理人员）等高管作为公司的“自己人”，独董（独立董事）出具此类报告倒是还好理解，其他高管一旦出具，往往给人一种和所在公司“掰了”“开撕”的印象。当然，事实也大多如此，此类报告出现的同时，一般也离该高管离职走人不远。但本应“统一战线”，知根知底的自己人出具此类报告，更令旁观者有一丝刨根问底的期待。一旦有违法违规之举，更要给投资者一个交代。

但不管是出于掰了之后的互相“攻讦”，还是“大义灭亲”，对于董事等高管来说，自上任第一天伊始，无疑负有勤勉尽责的义务，合法合规、谨慎地处理公司事务。这里面又有两层含义：一是道德层面，当一个人承担一项含有可能对其所在集体和外部利益有重大影响的任务时，即负有勤勉尽责、谨慎履职的义务。受人所托、忠人之事，理应尽其所能谨慎行事，勤勉义务无时不在，无处不在。在国外一些历史法则当中，此类管理者又被称为“理性人”“善良管理人”。现实世界对理性人构建的影响虽然也是无时不在，无处不在的，但“理性人”“善良管理人”仅在有特别理由时，方能逃避责难，否则理应在自己对责任范畴内实现自我控制，勤勉尽责，并负起责任。二是法律层面，现行《公司法》明确规定，董事等高管对公司负有勤勉义务。《破产法》也规定，企业董事、监事或者高级管理人员违反忠实义务、勤勉义务，致使所在企业破产的，应依法承担民事责任。证监会《上市公司章程指引》更是详细列举了董事勤勉义务的具体内容。

从以上这两个层面来看，高管无法保证信息披露内容的真实、准确、完整，只要是出于其自身真实意思的表示，无可指责，并应当受到鼓励。毕竟一些董事，尤其是独董，从过往的“花瓶”角色，到现在敢于站出来表达自己的真实反对意见，无疑是资本市场成熟度提升的表现。但对于此类意见，何时可以出具，依据何标准可以出具，以及出具时要做何补充说明，是当前需要我们深究一番的课题。“非专业人士，不具备相关知识储备”寥寥数行理由，显然是站不住脚的。倘若此类理由可以成立，就说明其当初的任职就是个错误，让一个不懂行的人士担任具有投票权的董事，无疑大大增加了公司决策风险。高管在接受公司的聘任时，也应充分考虑自己是否可以胜任此职。倘若没有任何个人努力就断然宣布无法保证信息披露内容的真实、准确、完整，首先对不起的是自己的职位与薪酬，也非真正的勤勉尽责。高薪对应相应的责任，明知不能胜任而接受职位，本身便具有不可推卸的责性。要知道当初担任高管的时候，也是通过了监管部门的胜任能力考试的。但倘若在穷其努力之后仍无法准确判断，那么可以在相关补充说明里直言不讳，既可让外界理解，也可让后来者少走弯路。

当然，此类情形还需要考虑另外一种情况，就是相关董监高在决策之前是否获取了其可合理获得的关键性信息，倘若其自身并未怠于获取相关信息，但仍被各种外因阻挠而未完成，那么出于免责的考虑出具此类意见，无疑是值得理解并且有可能作为一个契机，引发相关职能部门对所在公司或有违法违规行为的调查。此刻，这一选择可以说是对公司发展和外部投资者最为有利的选择，不构成对勤勉尽责义务的违反，亦无过失。总的来看，此类报告的出现无疑是进步，但具体操作环节上仍可以商榷，方可早日臻于至善。

三

扩大双向开放已是资本市场的最重要主题

2018 年正值改革开放 40 周年，以 A 股入摩（纳入 MSCI 指数又叫明晟指数）、合资资管机构外资股东占比可过半、沪深港通的每日额度一扩再扩等事件为标志，中国资本市场迎来了可能是迄今为止最大幅度的开放。“从监管、交易所、交易机制、市场主体、产品等各个方面看，可以说，一个全面开放的中国资本市场已见雏形”。但这一过程显然并非一蹴而就，回溯过往，这不仅是一个渐进开放的过程，而且也是一幅中国资本市场自身发展的画卷。

自 20 世纪 80 年代初开始，我国便积极进入国际资本市场发行国债和企业债。20 世纪 90 年代起，国有大型企业开始尝鲜国际股票市场 IPO（首次公开募股），投桃报李，国内 B 股正是此时设立，向国外投资者开放。1994 年，我国在汇率并轨和结售汇制的基础上，建立起银行间外汇市场，实行了以市场供求为基础的、单一的、有管理的浮动汇率制。1996 年，我国实现了人民币在经常项目下的自由兑换。

时针拨回 2001 年末，历经 15 年努力的中国终于获准加入 WTO（世界贸易组织），以合资证券经营机构、资产管理服务机构外资股份比例为试验田，逐步开放资本市场服务业等承诺已逐步一一兑现。2002 年，证监会和中国人民银行联合出台 QFII（合格境外机构投资者）制度，这标志着我国资本市场对外开放的实质性步骤真正迈出。

QFII即允许合格的境外机构投资者，在一定规定和限制下汇入一定额度的外汇资金，并转换为当地货币，通过严格监管的专门账户投资当地证券市场，其资本利得、股息等经批准后可转为外汇汇出的一种市场开放模式。其他国家的成熟经验表明，QFII作为一种过渡性制度安排，是一些货币没有完全可自由兑换、资本项目尚未完全开放的国家或地区实现有序、稳妥开放资本市场的有效通道。而我国实施QFII政策，既可以促进国际资本通过特定途径进入国内资本市场，也使得我国资本市场逐渐成为国际资本市场的重要组成部分。此后，RQFII（人民币合格境外机构投资者）、QDII（合格境内机构投资者）、RQDII（人民币合格境内机构投资者）等持续推出，制度日益完善，最为关键的是其规模也在逐步扩大。

最近几年，资本项目开放开始加速，典型事件是于2014年11月17日正式启动的“沪港通”，两年后“深港通”启动。单就沪港通、深港通试点政策本身而言，其对整个资本市场的拉动毕竟有限。在投资标的范围、双向投资额度、两地法律适用以及交易合作模式等方面也都进行了相应的限制。但作为A股与国际资本市场接轨的重要举措，对中国这样一个“新兴加转轨”的市场未来的改革和开放有着深刻影响。除了给A股估值降“虚火”，提升股票信息效率，进而提高资本市场的资源配置效率。对当前中国证券市场的信息披露制度和监督治理机制等方面，更是树立了一个标杆。

数次全力冲击之后，2017年A股又成功纳入MSCI新兴市场指数。2018年6月1日，首批226只个股正式纳入MSCI指数，自此A股迎来了最强有力和最持续的国际机构投资者的参与。“抄底”也罢，“被套”也罢，当前的沪深指数点位，国际资金倒是真正在与我们“心连心，同进退”。与此同时，沪、深港通的每日额度已分别扩大了

4 倍。现在政策允许外方在合资证券公司和基金公司、期货公司中拥有 51% 的股份，使得国际投行能以业务条线垂直管理的模式，将中国业务纳入全球业务的统一管理之中，还国际投资银行以本来面目。而证监会副主席方星海 2018 年 5 月底在某论坛上的发言中提及，第一只 H 股全流通试点即将完成；境外上市的红筹科技公司将在沪深股市发行 CDR（中国存托凭证），促进中国科技企业与中国资本更好地结合；“沪伦通”即将启动，迈出世界最大的新兴市场与最悠久的国际成熟市场对接的第一步。

上述动作表明，“扩大双向开放”已经成为当今资本市场最重要的主题。反映在证券、债券市场及期货市场等方面，表现为由“引进来”到“引进来与走出去”并重，由商品输出到商品输出与资本输出并重，由国际游戏规则遵循者到遵循者与制定者并重。有能力才能走出去。以开放促改革，促发展，促机构能力提升，是资本市场今后发展的方向。

四

又闻“卖房炒股”声

与以往股市高涨时卖房炒股的呼声不一样，在2018年10月楼市低迷，且有继续跌势的情况下，上证指数在2600点下方的价值开始为人所重视，其中有激进者认为房市多年来不可战胜的神话已经破裂，或许仍将下跌，或许股市有望一飞冲天，一时“卖房炒股”的声音再次出现。

楼市短期下行确有其事，但持有并认可“卖房炒股”观点的人，说明还是简单地将股市与房市两者视为跷跷板。在投资渠道不够多元化的环境下，资金对高收益的追逐使得投资在股市与楼市之间呈现必然替代关系。这种观点不能说没有道理，但更多的是想当然。倘若事情真有这么简单，那么就不会出现楼市火爆时，“十二道金牌”还压不下来；股市如此之弱，“十二道金牌”还炒不上去，三番五次的利好刺激仍未摆脱长期下跌的趋势。想涨的涨不上去，想跌的跌不下来，乃是我们多年来熟悉的常态。楼市火爆，离不了各种各样的短线炒作资金，股市资金只是其中一部分。这些资金共同利用楼市中的杠杆（房贷）规则，放大了资金的杠杆效应。房价越炒越高，股市越跌越深，主要是供需矛盾和买涨不买跌的心理使然。有供需矛盾存在，有赚钱效应存在，就会吸引跟风资金，而这些资金并不必然要在股市与楼市两者之间做出选择。

股票供给其实不存在有限，倘若不是IPO门槛高，可以说要多少有多少，只不过，因为股市“牛短熊长”，入场者大幅减少，似乎凸显出需求方面严重不足。譬如某段时间更是出现了多年未见的上证综指成交不足千亿元的情况。而楼市需求向来旺盛无比，即便是现在，股票可以多日不买，结婚、置换等却不能一天无房。只不过因为买涨不买跌的习惯使然，很多人选择暂时观望。以A股市场2018年10月的市盈率，尤其是中小板、创业板的市盈率来看，已经进入安全区间。但熊市不言底，何时股市重拾升势，不敢断言。民间大户、信托资金、私募、券商、公募中的自说自话者、判断失误者，均已倒在中途，“跳大神”者更是被打脸不断。而买房置业不同于炒股，房产即使价格下跌，其作为抵押物等权益也不会因此丧失，仍具有较好的保值作用。同时，虽然房地产经过这些年的快速发展，其作为投资品种的暴利时代已经结束，但对于以自住为目的的刚性需求或改善性需求购房者而言，过度观望可能错失出手机会，也完全没有必要。卖房炒股这种高空走钢丝般的加杠杆搏命，更是离谱。

现实情况应该是，“卖房炒股”的行为仅适合极个别拥有多套房产、资金量较大的投资者，而鼓吹这一论调者，不是痴迷“跳大神”，就是别有用心。

五

外资资管机构有望加戏

自我国加入WTO（世界贸易组织）以来，外资积极参与经济金融的发展，在服务实体经济、促进对外开放方面做出了有目共睹的重要贡献，已逐步成为我国金融发展的重要力量。其中尤为值得关注的是，外资与A股市场以及其他金融细分领域的互动频率，甚至在2018年这么一个“跌跌不休”的弱市状态下，这一频率仍没有放缓，敢于逆势抄底。

回顾历史数据可以发现，外资持有A股的市值在近3年内增速明显加快。尤其是沪股通、深股通次第开通以来，更是加速了这一进程，2017年9月开始，境外机构和个人持有的境内人民币股票资产首次超过1万亿元大关；截至2018年二季度，这一数字近1.3万亿元，并且仍有不断扩大之势。2018年6月1日，MSCI（明晟指数）已按照2.5%的纳入因子把A股正式纳入MSCI新兴市场指数中；2018年9月3日该比例已提高到5%。全球第二大指数公司富时罗素紧随其后宣布，将A股纳入其全球股票指数体系，2019年6月开始将A股纳入其次级新兴市场，此举同样有望为A股带来千亿元资金流入。

从2018年初至2018年7月的资金流向、市场表现和外资调研个股来看，外资与港资对优质蓝筹股的青睐一如既往，外资流入A股的节奏进一步加快。但相对于沪深两市逾60万亿元的总市值、逾48万亿元的A股流通市值总额而言，外资持股比例仍然很小。不过，考虑到外资持股相对集中，且近3年内高增速，并与境内机构投资行为形成较强共振，其对A股市场的投资者结构、市场生态与投资理念，正在产生潜移默化而又深远的影响。如果说2018年的增量资金主要是海外资金，这就意味市场风格依旧是寻找业绩的确定性，而小市值股票会继续被给予流动性折价，2018年能够提供估值的方向，还是增量资金也就是外资持续流入的方向。一段时间以来，A股资金流入流出监测数据也证明了这一点，即外资敢于在相对底部逆势加仓。

有理由认为，外资持股持续增长将会促使A股市场的投资风格发生巨大转变。低估值的蓝筹股被外资等长线投资者大量扫盘，国内的资金也在纷纷仿效这种投资风格，未来还会不断自我强化，导致整个市场优质标的持仓稳定性不断上升。这一点也被主板蓝筹白马股，包括“创蓝筹”（创业板的蓝筹股）2018年以来相对抗跌的走势所证明。

此外，自2002年国内首家合资公募基金公司获批成立起，十余年来，除了成立于2016年7月的恒生前海基金这一孤例（恒生银行持股70%、前海金控持股30%），一些外资股东渐次变化，但始终不能越过49%的持股红线。但这一情形即将生变。为落实党的十九大关于进一步扩大对外开放的相关政策，2017年底监管层宣布，将单个或多个外国投资者直接或间接投资证券、基金管理、期货公司的投资比例限制放宽至51%，且3年后投资比例不受限制。同时，将取消对中资银行和金融资产管理公司的外资单一持股不超过20%、合计持股不超过25%的持股比例限制，实施内外一致的银行业股权投资比例规则。另外，3年后将单个或多个外国投资者投资设立经营人身保险业务的保险公司的投资比例放宽至51%，5年后投资比例不受限制。这些举措无疑让外资资管机构有望走出“边缘化”的困境，后期戏份更足。

中国作为全球第二大经济体，投资机会正吸引着全球目光，资本市场的开放与金融业准入的放宽，除了会扩大金融市场总的规模，同时也会大幅提升国内金融业的整体经营效率，反过来有利于资本市场的发展。随着政策进一步完善，有理由相信，我国金融市场会吸引更多的国际投资者。而这些外资股东带来的成熟投资理念和资产管理方法，在给本土资管机构带来冲击的同时，也有望给国内客户带来更多更好的服务，对整个资管行业的规范发展也将有利。

六 上市银行市值管理大有可为

在资本市场浮沉的人，对市值管理并不陌生，但“局外人”乃至“局中人”，总有一些欲语还休，或是不以为然。这说明市值管理这些年来各家上市公司虽然有了实操，但是其意义仍未被业内外充分认识。

2005 年股权分置改革正式启动后，市值逐渐成为上市公司综合实力的体现、收购与反收购能力的衡量标准、融资能力与融资成本的关键影响因素，与市值管理相关的理念与实践也逐步形成。但其后的近 10 年当中，围绕市值管理的做法泥沙俱下。自 2014 年“新国九条”（国务院《关于进一步促进资本市场健康发展的若干意见》）提出“鼓励上市公司建立市值管理制度”后，市值管理方成为资本市场名正言顺的热议话题和管理实践之一。

通常来看，各方尤其是监管层所能认可的市值管理，是指在股价脱离内在价值时，鼓励上市公司运用恰当的市值管理手段，引导股价回归，以期抑制股价的非理性波动，建立健全长期稳定的回报机制，吸引长期资金入市，完善证券市场基本功能。围绕这一目标，市值管理的操作策略大致可以归为两类：一类主要包括公司治理、信息披露、投资者关系管理、品牌管理等非财务性策略；另一类是资本运作和管理为主要内容的财务性策略，包括并购重组、配股、发行可转换债券、回购股份、发行优先股、调整派息水平等。以上市银行为例，其市值管理也大多围绕这些特点来推进，有的公司灵活运用子公司分拆上市、资产重组、兼并收购等资本运作手段进行动态市值管理，提升集团整体估值水平。

例如，中国银行近年来推进实施了出售南洋商业银行、集友银行，将东盟部分机构并入中银香港，收购中航三星人寿，以及中银航空租赁分拆上市等一系列资本市场运作；交通银行董事、监事、高级管理人员、中层管理人员曾在上一轮熊市里以自有资金在二级市场买入交行 A 股和 H 股，向市场传递管理层的信心；光大银行于 2015 年宣布拆分理财业务设立子公司；浦发银行提出打造“上市公司泛市值管理”的综合服务平台等。

有调查表明，投资者对上市银行内在价值以及价值创造能力的判断正呈现出这样几个特点：一是重效率轻规模。投资者对资产、利润的规模偏好明显弱化，更加重视净息差、ROA（总资产收益率）、ROE（净资产收益率）等效率指标。二是重均衡发展轻短期收益。银行具有收益当期性和风险滞后性特点。资本充足水平可衡量风险抵御能力，同时对规模扩张产生约束，而短期波动或一次性收益对投资价值的支持作用相对偏小。三是重趋势轻现状。投资者通过分析公司的成长性、发展战略和经营策略的制定和执行水平，来判断公司未来盈利能力和风险水平，股价则反映了投资者对公司的预期内在价值。

对症下药，上市银行首先可考虑将具有相对独立的成熟业务模式和核心竞争优势的子公司，采取分拆上市的方式令其估值得到正确体现，从而推高集团整体估值水平。其次，一些成熟的业务板块亦可以按照市场化原则重组整合，考虑设立事业部等强化该板块的市场价值，为进一步分拆上市创造空间。同时，对于契合自身特点和优势的标的资产，亦可考虑通过兼并收购方式进行战略或财务投资，完善区域布局，扩大差异化优势。总之，上市银行应致力于效率提升、成长性和风险收益的平衡发展。

总体而言，上市银行的市值管理仍呈现基础性、自发性、松散性特征，缺乏战略层面的统筹规划和协调管理。应聚焦于以管理好资本市场交易价值与企业实体经营价值间的偏差为出发点，管理溢价、管理预期，通过合规的方法促使公司市场价值实现合理溢价及在合理区间的稳定性。市值管理正经历着这样一个“去伪存真”的过程。

在实践中，股票价格围绕公司内在价值波动，内在价值是公司市值的决定因素。有意思的是，这一轮熊市中，银行股资本市场估值持续面临破净压力。虽然 2018 年下半年，A 股上市银行股中有 20 余只股票已处于“破净”状态。这令人难以承受，但也说明上市银行的市值管理的广阔天地已经打开，大有可为，因而，2019 年的市值回升也就不令人意外。

七

科创板、注册制几年前已开始尝试

试点注册制的科创板将在上交所设立，无疑是首届中国国际进口博览会期间影响国内乃至国际资本市场的重大消息。这些年来，国内涌现出一批深度介入某个细分领域，并且有所创新，具有较高科技含量的企业。但这样的企业往往处于发展的前期或中期，有的还谈不上盈利，有的甚至亏损。对于这样的企业，如果有资本市场给予支持，显然结局迥异。

众所周知，注册制虽然一直被国内二级市场千呼万唤，但出于各种原因，一直难以出台。尽管如此，最近两年监管层围绕 IPO 与退市的治理，进步实实在在，有目共睹。资本市场很多过去的乱象，也因此得到了根本性的改观。值得一提的是，过去几年在 IPO 提速、过会总量增加的同时，整个 IPO 审核却呈现出趋严、过会率降低的趋势。

创造条件实施股票发行注册制早在“十三五”规划纲要中就已提出，但注册制的推进需要有严格的退市制度。退市难的本源在于上市难。股票市场的优胜劣汰功能不足是 ST 股票被过度投机的根源所在。2018 年 7 月长生疫苗事件之后，继“欺诈发行”和“重大信息披露违法”原有规定之外，监管层发布《关于修改〈关于改革完善并严格实施上市公司退市制度的若干意见〉的决定》，将构成退市的重大违法情形扩容，该决定指出涉及国家安全、公共安全、生态安全、生产安全和公众健康安全等领域的重大违法行为的，均可直接启动强制退市。剑指那些严重危害市场秩序、严重侵害群众利益、造成重大社会影响的上市公司。监管层对退市动真格，让过往炒垃圾股，赌“乌鸦变凤凰”的投资逻辑难以为继。

事实上，就“科创板”这一名词来说，我们并不陌生。几年前俗称“N 板”的“科技创新企业股份转让系统”，便已在上海股权托管交易中心开盘。其主要任务是鼓励具有较强的自主创新能力、较高成长性或一定规模的科技型和创新型公司到上海股权托管交易中心挂牌。“科技创新企业股份转让系统”作为区域性股权交易市场，其挂牌规则首先看重的是企业的科技性和创新性特征，准入门槛则贯通了此类中小微企业的种子期、初创期和成长期。

更为难得的是，几年前的科创板率先进行了注册制的尝试，对申报挂牌时股权投资机构配套投资或取得第三方专家顾问委员推荐等采取市场化方式，豁免注册委员会审核。具体来看，科创板实行的注册制有两种。第一种，如同香港联交所的制度，要审核也要过会，审核的重点在于信息披露的完整性、可持续性和一致性，而不是过去最看重的真实性；第二种，类似于美国 OTCBB（美国场外柜台交易系统）市场，只要保荐机构配套投资 200 万元且在两年内不退出，就可以挂牌，豁免审核、直接公示。若在公示期间有人提出异议，就撤下重新审核，若无人提出异议，就可以挂牌。第一批 27 家挂牌公司中，两种模式都有。

只不过，区域性场外市场投资与场内投资完全是两回事。即便在场内，投资初创企业，是一个披沙拣金的过程，普通个人投资者很难具备这样的风险识别能力和承受能力，因而不妨细读证监会随后的表态：将指导上交所针对创新企业的特点，在资产、投资经验、风险承受能力等方面加强科创板投资者适当性管理，引导投资者理性参与。鼓励中小投资者通过公募基金等方式参与科创板投资，分享创新企业发展成果；证监会和上交所将依据国家有关法律法规和政策，抓紧完善科创板的相关制度规则安排，特别是借鉴国际成功经验，完善上市公司信息披露，把握好试点的力度和节奏。同时，继续推动长期增量资金入市，严厉打击欺诈发行等违法违规行为，强化中介机构责任，促进资本市场平稳健康发展。这几点，尤其是中介机构“连坐”，可谓捏住了七寸。

八 “小农作坊”式的操作不利于分散资产证券化的风险

债市“天雷滚滚”之际，结构设计完备，风险隔离充分，看起来“人畜无害”的资产证券化（简称ABS）业务也开始爆雷。2018年12月24日，证监会官网专门再次发布资产证券化的相关监管问答指出，通过前期开展的资产证券化项目现场检查，发现部分管理人（尤其是部分基金管理公司子公司）内部控制不健全，风控意识淡薄，让渡管理责任、开展“通道”类业务，形成风险事件并造成了不良影响。因而要求ABS的管理人应建立健全内控机制，不得让渡管理职能，也不得“拉皮条”，即必须将不符合其合规风控要求的资产证券化项目以各种方式推荐给其他证券经营机构，自己也不能为其他证券经营机构提供规避其合规、风控要求的“通道”服务。自此，交易所ABS业务面临迄今最严整治。

与此同时，有消息称，监管层已经窗口指导部分商业银行，暂停发行同业借款类ABS，同时对部分银行的银行理财资产转成交易所ABS产品也进行了限制。这说明部分银行把同业拆借款、贸易融资类资产等打包成交易所能够发行的ABS，拿到交易所发行，腾挪出的同业借款额度，又拿来继续给别的金融机构同业借款，以此“突破”监管对于银行同业借款业务的限制。这一做法已经受到监管层关注。

自党的十九大将服务实体经济定位为金融工作的中心之一，资产证券化作为连接实体经济与金融的一个重要工具再一次获得发展动力。过去几年间包括2018年，ABS业务都获得了长足的发展，但上述同业借款类ABS业务难免有资金空转、脱实向虚，为监管套利提供空间的嫌疑，有违金融回归本源的初衷。更为要紧的是，以资管新规为代表的一系列监管新规继续对银行等金融机构大规模开展非标业务进行遏制。至此，资管业务发生根本性转变。在非标受限后，标准化产品成为必备，非标转标需求增加。而ABS在出标方面表现出得天独厚的优势，作为“非标转标”的标准化金融产品之首，受到市场热捧也就不令人意外了。

此刻，资产证券化行业的突破和发展反而来自监管。因为监管这时的最大作用在于强调产品形态对资产证券化基本原理的遵从。众所周知，资产证券化的基本原理是大数定律。只有在资产证券化的资产池中存在大量分散的基础资产时，才能防范个体资产违约而对资产现金流所造成的巨大影响，也才能破解对融资主体信用的过度依赖，达到风险重组和信用增强的可能。当前，我国资产证券化产品中存在大量以单一资产为基础的产品。据悉，近一半的产品基础资产不足50个，而同业借款类通道型ABS业务更是容易如此；作为通道方来说，发起人大都为基础资产的债权人，基础资产带有明显发起人资质的痕迹，而ABS的管理人也更多成为被动的中介通道，缺乏为投资人服务的动力。产品设计一旦违背了资产证券化这一大数定律基石，任何产品内部信用增强配置都形同虚设。而在海外，大多数产品的基础资产是由发起人在市场上通过主动收购而获得，因此，资产风险可以设计得更为分散，其结构因为投资人需求而更富层次化。

虽然我国ABS市场快速增长，但在整个债券市场仍为小众产品。以2017年发行量为例，其在整个债券市场的占比也仅为3.5%，远远小于美国债券市场中 ABS 占据的 22% 份额。从政府的一系列举措中可以看出，ABS 作为企业直接融资的一个重要金融工具，将在服务实体经济中发挥越来越大的作用。随着市场对 ABS 产品认可度的提高，ABS 业务发展有望再上新台阶。令人不安的是，ABS 参与方众多，但管理人若只寄希望于担当服务商角色，通过平台或牌照以谋求作为“通道”佣金回报。这种“小农作坊”式的业务操作显然不利于风险分散、不利于产品信用增强，且在同质化的业务竞争中使得管理人难以保持盈利空间，极易产生以“价格战”为代表的恶性竞争，事实也正是如此。由此监管层的纠偏也就十分重要和及时，资产证券化业务毕竟不是一个孤立的金融产品，它的发展与监管政策、宏观市场有着紧密的联系。

九 科创板与创业板并非“瑜亮之争”

2019年1月23日，中央全面深化改革委员会第六次会议审议通过《在上海证券交易所设立科创板并试点注册制总体实施方案》《关于在上海证券交易所设立科创板并试点注册制的实施意见》。这是继2018年的首届中国国际进口博览会之后，再一次展现国家层面对设立科创板并试点注册制的重视。2019年1月30日晚间，证监会和上交所相继发布关于在上交所设立科创板并试点注册制的一系列重要文件，包括50万元且参与证券交易满24个月的投资者门槛，允许符合科创板定位、尚未盈利或存在累计未弥补亏损的企业在科创板上市等。以注册制为契机，推进我国资本市场新一轮改革开放，科创板的重要意义已被很多人所认知。但自科创板概念出现之后，总会被人拿来与创业板做比较，并引发所谓“瑜亮之争”，担忧二者的走向，因此有必要做一探究。

2018年以来，随着股市调整，创业板“挤泡沫”之惨烈，有目共睹。尽管如此，瑕不掩瑜，我们应当承认，先后经历了金融危机、欧债危机以及国内经济增速下滑等严峻内外部环境考验的创业板，大体上质量优良、交易活跃、监管严格，应该称得上当前全球资本市场内最成功的创业板之一。创业板从2013年到2015年左右历经两年多的大牛市，部分股票涨幅数十倍，泡沫大到几近破裂，“挤泡沫”未尝不是一件好事。但我们也发现，其中类似纳斯达克市场中的微软、苹果、谷歌这样的优秀企业目前还是凤毛麟角，一批新锐“独角兽”更是舍近求远，远赴海外上市，创业板发展迄今的得失值得我们重新审视。

背后的根源首先还是在于A股市场的准入制度，在二十余年A股的发展进程中，IPO规则虽几经调整，从最初的额度制、审批制，到后来的核准制和保荐人制度，但不论是何板块，企业想上市，均不是易事，有着难以逾越的刚性门槛。因而，尽管创业板意在鼓励新锐企业登陆资本市场，实际上其准入标准还是让大部分创业期企业难以达标。现有几大板块，常年有经过证券承销商辅导和认可的数百家企业排队等候上市，除了申请监管机构核准上市，这些企业在国内并没有其他合法渠道进入公开股票市场。所以当前能够有幸登陆创业板或是中小板市场的公司，必然是中规中矩、可圈可点的企业。这显然是现阶段“独角兽”们的软肋，而科创板恰好能够弥补创业板这一短板。

另外，创业板市场设立于深圳证券交易所，这个交易所同时运营主板市场和创业板市场，这两个市场自身并不是独立的法人机构，两个市场的交易清算机构、托管机构、证券经纪机构也基本完全重合。很关键的退市规则也是系出同门、大同小异，这对于存量市场还是太难。鉴于此，科创板放置于上交所做增量，注册制又起码保证了新增上市公司退出机制的顺畅，于情于理，没有理由不试点。

众所周知，中国经济的未来是以高科技为主，而这些高科技企业的特点就是初期弱、成长速度快，既可能短时间内由小变大，也可能迅速夭折。现行主板或者创业板的规则，尤其是IPO规则显然不适合这样的企业，而试行注册制的科创板有望作为资本市场的重要组成部分，承载着这些高速成长或者最终失败的创业型企业，搏击于资本市场，辅以逐步明确的退市、运行细则，科创板有望与主板及创业板构建真正多层次的资本市场，服务于不同类型与体量的上市公司。仅仅从这一点上来说，创业板与科创板的“既生瑜，何生亮”的担忧无疑是多余的。

十 强制跟投将改变保荐生态

科创板取消了直接定价方式，首次公开发行询价对象限定在证券公司、基金公司等七类专业机构；配售方面，将网下初始发行比例调高10%，并降低网下初始发行量向网上回拨的力度，回拨后网下发行比例将不少于60%，以强化网下机构投资者报价约束，引导各类投资者理性参与。在战略配售上，科创板允许首次公开发行股票数量在1亿股以上的发行人进行战略配售；不足1亿股、战略投资者获得配售股票总量不超过首次公开发行股票数量20%的，也可以进行战略配售；允许发行人高管与员工通过专项资产管理计划，参与发行人股票战略配售。

当然，更令人关注的细则还在于允许保荐机构通过旗下子公司以自有资金对新股以发行价格进行认购，跟投主体不参与询价与定价，只能被动接受价格，认购比例为2%~5%，且锁定期两年。最为要紧的是，这一制度将是强制执行，不是自愿执行，所有投行都必须强制跟投。

保荐机构自己拿出真金白银来跟投，并锁定两年。显然这是促进保荐机构勤勉尽责的有效举措。科创板全面采用市场化的询价定价方式，券商在其发行承销中的作用有望进一步得到发挥，毕竟自己已经带头先买，行胜于言。当然，跟投前提有两点要注意：一是跟投主体为券商的子公司，与券商本身做好风险切割，出现盈亏不至于“致命”；二是子公司跟投需使用自有资金，与代客理财的客户资金之间设立防火墙。

众所周知，公司想要在A股上市，必须要通过保荐机构和保代这一双重保荐制度下的中介桥梁。保荐中介拥有拟上市企业所不具备的接触发审委（股票发行审核委员会）的机会和经验，同时，又拥有机构投资者与个人投资者所不了解和掌握的内幕。

通常来说，在这一生态中，保荐中介声誉的好坏一定程度上体现了其所保荐公司的优劣程度，选择好声誉保荐机构的公司往往能向市场释放自身“质量好”的信号。拟上市公司选择高声誉的保荐中介时，相对来说更有机会赢得所在板块发审委的认可，增加IPO过会的成功率。但考虑到同业竞争激烈，近年来高声誉保荐中介与高质量拟上市公司并不一定“有缘”顺利相聚。

对于作为桥梁的保荐中介自身来说，凭借良好的声誉能够争取到更多更好的保荐项目。保荐机构声誉越高，社会关系资源越广，上市公关的能力则越强。长期大量的保荐工作使他们拥有更多与审核部门接触与交流的机会，从而积累了较多的人脉资源和实务经验。如果所保荐的项目上市后业绩优良，也可以让他们在审核部门心目中留下“靠谱”的形象，一旦因保荐工作出现问题而招致监管处罚，保荐机构不仅将遭受当期利益损失，其声誉形象的受损更严重，进而潜在影响今后长期的保荐项目过会率。因此，有追求的保荐中介为了维护自身已有的声誉，往往会以更严格的标准选择和监督拟上市企业。如今，科创板在声誉约束和合规约束之外，通过利益约束来鼓励投行挖掘优质公司资源，无疑是支持良币驱逐劣币的良策，强制跟投加锁定期限，无疑将重建保荐中介行业生态，并有望总结经验用于其他板的IPO。

十一

“乌鸦变凤凰”的壳资源逻辑将正式崩盘

根据上交所2018年5月22日公告，*ST吉恩和*ST昆机终止上市，与此同时，*ST众和、*ST上普、*ST海润被暂停上市，其余几只*ST股仍有同样可能性。其中*ST吉恩有不少机构深陷其中，未来得及逃离。回想起此前首只因“重大违法”（“欺诈发行”和“重大信息披露违法”两种情形皆为重大违法）被强制退市的*ST博元，过去炒垃圾股，赌“乌鸦变凤凰”的壳资源逻辑，剑走偏锋的小市值逻辑将不复存在。

众所周知，退市难的本源在于上市难。A股上市公司作为低成本融资来源，具有稀缺性，使得上市公司平台被包括地方政府在内的各方看重，一旦有退市风险，各方都会想方设法不让其退市。在过往以经营业绩为考核导向的退市制度下，上市公司在“多路神仙”的“搭救”下，挖空心思通过财务报表处理等方式，在连续亏损的关键第三年实现盈利来规避退市，已是心照不宣的潜规则，这也让退市制度几成“虚设”。即便自救失败，在IPO入口狭窄、排队上市公司数量太大的时候，因壳资源宝贵，*ST公司也会成为资产方争相借壳的对象。可见，股票市场的优胜劣汰功能不足是ST股票被过度投机的根源所在。

垃圾股靠壳溢价保底的怪象，随着2016年、2017年IPO的提速得到了根本性的改观。更为可喜的是，证监会最新披露的 IPO 审核进度显示，截至 2018 年 5 月 17 日，IPO 排队企业数量已降至 287 家。至此，IPO“堰塞湖”已从最高峰时的约 900 家降至不到 300 家，逐渐“见底”。随着存量企业的不断消化，IPO 排队时间也明显缩短。在 2018 年 5 月上会的拟 IPO 公司中，出现了不少 2017 年 7 月之后才申报的公司，从首次提交材料到上会审核仅有 10 个月的时间。同时值得一提的是，虽然 IPO 过会总量增加，但整个 IPO 审核却是趋严、过会率降低的趋势。加上净利润指标并无“绝对标尺”，即高盈利不是过会的保障，赚钱少的公司也有可能拿到 IPO 通行证。这无疑是朝着注册制道路发展的健康态势。

创造条件实施股票发行注册制早在“十三五”规划纲要中提出，但注册制的推进需要严格的退市制度作为前提之一。对于退市股，中小投资者有“退市整理期”三十个交易日的交易机会，主动退市公司可以提出重新上市申请等这些规定显然还不够。司法追溯、赔偿机制的建立等配套措施也应逐步跟进。2013 年被宣判的“绿大地”，相关责任人被追究刑事责任，同时对相关股民做民事赔偿，是一个虽颇为曲折，但不失为一个好的开端。监管层联合司法部门逐步建立健全责任追究机制和赔偿机制，越来越关键。对于发行人、保荐人、中介均应承担连带赔偿责任并落实问责机制，对不论在任何时候发现的包括中介方在内的造假上市者和造假主导者都应追究连带赔偿责任，承担相应的经济民事赔偿责任，才能切实保护投资者利益。

十二

长租公寓爆仓与ABS无关

杭州鼎家公寓爆仓的新闻，让2018年9月以来围绕房租的论战升温到了顶点，自如、蛋壳等多家长租公寓已被监管部门所关注，不少长租公寓更是因存在垄断房源、哄抬房租等行为，被予以高限处罚。但类似鼎家公寓这种爆仓，显然还不仅仅是垄断与涨价这么简单，已有违法犯罪的嫌疑。更为严重的是，此类事件让长租公寓领域面临舆论压力与信任危机。更令人哭笑不得的是，ABS等专业资产证券化手段，也为其所累，老百姓似懂非懂，以为其在当中助纣为虐，甚至就是行骗道具本身，这显然是再冤枉不过的“躺枪”。

有这样一个例子。小王大学毕业后与不少年轻人一样，首选了一家由某知名中介运营的长租公寓（非自如），中介在查询了小王的芝麻信用分之后，表示房租不用传统的付三押一，可改为付一押一，这一条对于小王这样刚出校门的年轻人来说，显然难以抗拒。但中介有附加条件，需要他签一个本人授权查询征信、“例行公事”的协议，同时每个月要多付一百多元的所谓小额服务费，理由是有别的机构帮你垫付了另外两个月的房租。没错，听到这里，这个协议就是与P2P公司签约无疑了，但是该中介全程压根就没有提P2P这回事，更没有明说这是一笔民间小额借贷。这不仅侵犯了消费者的知情权，还将客户置于一个道德风险高企的境地。因为这家中介，即长租公寓的实际运营方，在拿到小王通过P2P申请下来的一年房租后，只需付房东一个月房租加一个月押金，剩下十个月房租归自己先占用，一旦爆仓或者跑路之后，没钱继续支付房租，房东直接收房。而租客除了面临流离失所，还得继续还P2P的本息，不然征信可能受损。可谓欲哭无泪。

可以看到在这当中完全没有ABS什么事，而与之类似的CMBS（商业房地产抵押贷款支持证券）和REITS（房地产信托投资基金），都是正常底层资产支持下的一种证券化手段，长租公寓的运营方作为发行人拿出底层资产，信托、券商、公募基金子公司等正规金融机构作为管理人来发行，已有不少成功先例，并且在2018年信用债违约多发的大环境下，尚未听到此类资管计划的负面消息，说明管理人对风险控制较严，底层资产真实且现金流充沛。这也表明，哪怕普通消费者对ABS、CMBS和REITS完全分不清，只要选择正规金融机构发行的产品，风险还是可控的。但一旦被骗与P2P公司签约，或者明知是P2P公司，为了某些蝇头小利，仍然选择与其签约，事实上是忽视了这一风险，并且事后维权或者救济通道狭窄。退一万步说，即便能够承受这一风险，也应首选“招保万金”（即招商地产、保利地产、万科、金地集团）这类职业地产运营商运营的长租公寓。而当前的运营商鱼龙混杂，不少房产中介公司也已经进入长租公寓领域，虽然其有天然的客源与房源，但是行业壁垒迄今还只停留在电动车加小西服阶段，整个行业口碑堪忧。

长租公寓作为房地产三级市场一个新兴领域，将业主房屋租赁过来，进行装修改造，配齐家具家电，以单间的形式出租给房屋周边的上班人士。在北京、上海、广州、深圳等一线城市和南京、武汉、杭州等发达的二线城市，早已不是什么新鲜事物，这些城市流动人口多，租赁人口众多，租房需求旺盛，租赁市场租金规模已过万亿元。但不可否认的是，我国长租公寓行业的发展还处于跑马圈地的初级阶段，曾经平静的租房市场不断感受到不断涌入的资本力量。客观来说，用规模化的资本力量代替过往的职业二房东，并非坏事。客户愿意出比房东直租更高的费用来租这样的长租公寓，也说明这样的公寓肯定有软硬件方面的优势，并且渐成趋势，这也是欧美国家的经验。毕竟租房不是投资，而是消费，取决于消费者的收入水平和承受能力，只要整个市场没有被垄断，消费者选择面还是较宽。但类似鼎家公寓这样的部分运营者，在参与之初就打自己的小算盘，使用不可告人的隐瞒、欺骗手段来对待租客与业主，实在太不应该。好在问题很快暴露，经媒体传播，也对租客与房东进行了投资者教育，起码今后与长租公寓签约前，那几页纸也会仔细看看，也不会再把 P2P 与 ABS 混为一谈。

十三 对“肉偿”债务的上市民企不应苛责

“养猪第一股”雏鹰农牧被曝2018年度第一期5亿元超短融债务违约。2018年11月8日晚，雏鹰农牧发布公告表示，公司计划对现有债务调整支付方式，本金主要以货币资金方式延期支付，利息部分主要以公司火腿、生态肉礼盒等产品支付，债务范围包括公司现有所有债务，戏称“肉偿”公告。截至2018年11月8日，公司已经与小部分债权人达成初步意向，涉及本息总金额2.71亿元，目前尚未进行产品交割。

“肉偿”公告之前，市场已有消息传出，但大多以为是恶搞，直至“肉偿”被公告证明确有其事。不过据雏鹰农牧董事会秘书再三强调，实物偿还债务的肯定是公司销售的产品，并不是生猪、半成品之类，方便“打包”与保存，此举可谓有心了。资本市场对“肉偿”消息传出后反应甚为积极，该股接连两日封住涨停板。

以物抵债属于传统民法上的代物清偿的合同范畴，所谓代物清偿，是指债权人受领他种给付以代原定给付而使合同关系消灭的现象。无论是以肉抵债还是以楼抵债，均属此类。代物清偿的成立，必须有双方当事人关于代物清偿的合意，显然小部分债权人与雏鹰农牧在这一点上已经自愿达成协议。在此基础之上，“肉偿”并不比“楼偿”低端，至于债务人选择“肉偿”，既可能是出于自己的某种切身考虑，可以物尽其用，还免去了采购成本；也可能是不愿意耗费时间观望与等待最终很有可能发生的司法解决途径，而是直接拿到代偿物，自己有途径可以想办法尽快去变现。民企上市公司也借此赢得了喘息之机，可谓欠债还钱的“次优”选择，资本市场的反应正说明了这一点的合理之处。

不过，也有人担忧在当前债市“天雷滚滚”的压力之下，此风一开，会助涨上市公司等发债主体恶意逃废债务之风。显然，这不是逃废债务，恰恰相反，这是上市公司直面问题并积极偿付解决问题。依据相关券商行业研究报告，雏鹰农牧 2018 年 8 月以来受国内多地陆续出现“非洲猪瘟”疫情，以及疫区封锁、禁运等因素影响，公司第三季度的销售数量、销售价格均低于预期，屠宰业务也未完成预期销售任务；供应商取消采购优惠，增加了生产成本。同时 2018 年生猪市场批发价格持续下行，肉猪市场价格最低跌至 5 元/斤，与本轮猪周期最高点相比，下跌幅度超过 50%。投资者当初在评估发债主体偿债能力时，显然想不到这个因素，而雏鹰农牧也不存在欺诈发行债券的问题，它的问题在于其债权融资风险与股权融资风险之间的相互迭代。如果这两个渠道同时受阻，则有可能形成连锁叠加效应。就目前情况来看，“肉偿”方案向债权人与市场传递了一些积极的信息。

众所周知，当前国内对违约债券的风险处置机制尚未健全，违约处置效率很难令人心安，因此，一旦出现债券违约，便令整个市场风声鹤唳、惶恐不安，间接放大了违约的影响。更为关键的是，在已经发生的违约事件中，个别企业在违约前后表现出较低的偿债意愿，特别是有偿还能力的债务人采取种种措施来恶意逃废债务，对市场产生了比违约本身更为恶劣的影响。因而对于违约上市民企能够竭尽所能的“肉偿”，我们没有理由苛责。

十四

变卖资产提升业绩的保壳行为不可取

每年的第四季度通常是上市公司为年末业绩冲刺的最后阶段，2018 年 12 月，继上市公司“卖房保壳”之后，“卖画保壳”现身市场。据报道，2018 年 12 月 14 日，深市上市公司电广传媒披露，其子公司湖南有线集团将原拥有的《愚公移山》油画以超 2 亿元的价格出售给了“芒果台”——湖南广播电视台，电广传媒借此解决了“燃眉之急”。因为有财报显示，电广传媒 2017 年和 2018 年前三季度分别亏损 4.64 亿元和 1.35 亿元。若不能在 2018 年第四季度顺利扭亏，电广传媒则面临“披星戴帽”的风险。面对业绩难题，电广传媒此前已先后宣布挂牌转让 3 家子公司的股权，看来收效甚微，情急之下，顾不得可能引发的市场非议而放出大招。

众所周知，电广传媒主营业务涵盖有线网络、传媒内容、投资管理、旅游酒店、互联网新媒体等，唯独艺术品投资并非其主营业务。虽然公司称通过此次“卖画”可以收回该艺术品的全部成本，并取得一定的投资利润，但到底能获得多少利润，公司并未详细说明，加上卖出又是通过“洽购”这一协议形式而非拍卖的方式，“剧情”显得较为暧昧。这也从另外一个角度说明其有线网络等主营业务在当下的尴尬处境，并且在 2018 年以及 2017 年这两个完整的会计年度，上市公司尚未拿出有效的解决办法，对于用真金白银投资的投资者来说，可谓赔钱加失落。上市公司尚有画可卖一举扭亏，中小投资者家里可不一定有矿。

事实上，近年来上市公司依靠卖房等资产变卖，扭亏为盈的案例已屡见不鲜。但目前何以使得卖房摘帽、卖画创收成为上市公司提升业绩的一大高招？原因不外乎两个方面：一是实体经济难做，尤其是类似有线网络这种受互联网冲击严重的行业，而相关上市公司往往仍处于旧路已断，新方向未明的困难时期。二是从会计准则、审计和上市公司监管制度等角度去看，很可能还存在上市公司有缝可钻的空隙。例如从企业卖房与卖画的账务处理来看，尽管符合我国企业会计准则的有关规定，但从财务会计目标和会计信息的基本质量特征来看，则不完全符合会计信息应具备的相关性和如实反映的基本质量特征。而名画这样的艺术品，相对于学区房来说，公允价值信息对于外部来说更是扑朔迷离。既然今天有可能大幅溢价被“洽购”，明天亦有可能被大幅低估而“贱卖”。

因而，退一万步说，倘若上市公司卖房卖画不可避免，那么，在会计目标从受托责任到决策有用的演变过程中，公允价值信息理应受到越来越多的重视。

尽管会计目标可随客观经济环境的变化而不断变迁，但对于监管层来说，现阶段，为规范上市公司行为，维护宏观经济与资本市场的稳定，上市公司资产变卖与销售的损益确认办法应当尽快出台，从规则层面规范与减少上市公司卖房卖画等变相提升业绩而保壳的行为。审计部门应严格审查上市公司尤其是ST公司的损益确认及计量，确保上市公司会计信息质量符合公允、有用的基本质量特征。2018年是中国股市历史上改革、监管力度比较大的一年，监管部门提升新股质量、严格退市制度、规范停牌，这些措施从长远来看，无疑是有利于市场健康发展的。愚公可移山，卖画保壳却越来越不可行，更不值得提倡。

十五 2018年的A股市场属于软刀割肉

2018年对于广大股市参与者而言，可能是较为“无语”但又印象深刻的一年，与几年前杠杆崩盘造成的惨烈下跌不同，2018年全年A股市场基本属于软刀割肉的行情，只是这把刀时快时慢。市场全年以月为单位进行月级别的调整，除了11月份的小幅反弹，连续调整了10个月，结果除了个别板块和少数个股有短暂的脉冲行情且操作难度极大以外，多个板块多数个股全年处于“跌跌”不休的下降通道，市场除了低价入股高价套现的“大小非”外，鲜有盈利者。有个段子比较形象：在2018年保持空仓，基本就属于股神级的人物，如果你能够把握住少有的一两个脉冲行情，实现正收益，就是大师无疑。以公募基金为代表的专业投资者业绩证明了这一点并非是玩笑，东方财富数据显示，截至2018年11月30日，股票型基金仅有四只基金产品在2018年取得正收益。上投摩根医疗以5.25%的收益率位居榜首，诺安策略精选以3.61%的收益率紧随其后。另外两只正收益基金产品分别为金鹰信息产业和交银医药创新，2018年以来的收益率分别为1.12%、0.13%。

贸易战的阴影在2018年如影随形，截至2018年12月21日收盘，上证指数在2018年的238个交易日中净跌幅为790.92点，跌幅为23.92%。深成指在这期间则更是跌去了3358.70点，跌幅达

30.42%。2018年年初，银行股急剧暴涨后转入大跌，大多数人以为只是一时的修正。如同贸易战刚开始，大多数人认为并不会真打。这一阶段股市在乐观情绪的作用下还算稳定，持续震荡了3个月，一直到2018年6月。随着贸易战的演进，大家预期的和解并没有出现，而美国关税加征反而在年中落地，贸易战成为需要直面的现实，大家的盲目乐观落空，市场情绪开始逐步趋于悲观。除了少数强势的医药股与白酒股，行情开始走坏。更要紧的是，PMI指数、M2和新增贷款等关键宏观数据，在整个2018年几乎全部处于下降的趋势中，更让跌得鼻青脸肿的A股难以振作起来。随着多个板块的个股估值一降再降，以股票质押风险为代表的各类市场风险频出，监管层不得不通过设立纾困基金来施以援手。

更为诡异的是，对于全球股市而言，2018年无疑也是一个糟糕的年头。但一定程度上来说，相比我们跌到“麻木”，境外投资者得而复失，坐了一趟大回转的过山车其实要更加难挨。2018年，恒生指数、道琼斯指数年内均创出历史新高，但随后盛极而衰，在美联储持续加息与中美贸易争端等因素的压制下，恒指由年初创下历史最高到滑向18个月的低点仅用了9个月的时间，将2017年的涨幅回吐近八成。道琼斯指数单日跌幅500点，直至抹去2018年全年涨幅。纳斯达克综合指数截至2018年12月21日，早已回吐了2018年以来的全部涨幅；“欧洲三杰”英德法股市也未能幸免，2018年年内跌幅均超过10%，《华尔街日报》认为2018年全球股市的跌势已经超过了对公司盈利增长预期的放缓，使得全球股票估值处于5年来的最低点。

2015年杠杆造就的暴涨牛市，让A股不少上市公司的估值飙升到让人目瞪口呆的地步，创业板市盈率一度达到了140倍的“市梦率”水平。2018年12月21日，这些泡沫一个个破灭，上证指数的市盈率已经回落到12倍左右的水平，相对于历史平均水平，彼时的估值显然明显偏低。这无论对于机构或是散户来说，可能都是一个只输时间难输钱的好消息。

对于2019年的预期尽管有比较悲观的论调，认为经济仍会下行，企业盈利能力承压，股市也难有好的表现。但倘若论据只是因为我们2018年经历了这些困难，2019年也会经历，那么，这样的推理是站不住脚的。另外，我们应当注意，2018年虽然是新问题、新情况不断出现，市场走势比较复杂，普通投资者感到操作难度较大的极不平凡的一年，但同时也是中国股市历史上改革、监管力度比较大的一年。监管部门注意提高新股质量、放缓IPO节奏、严格退市制度、鼓励并购重组、规范停牌规则，这些措施从长远来看，无疑是有利于市场健康发展的。因此，从长计议，“慢牛”可期。

十六

券商分析师不能沦为“骑墙派”

2019年3月初，中信证券与华泰证券的两份做空报告（分别对中国人寿与中信建投）被归因为3月8日市值蒸发2.3万亿元的罪魁祸首，此后更有财经媒体曝出当事分析师团队已经被所在券商开除。这听起来很不靠谱，这一消息随后也很快被证伪。不过这倒是迎合了部分对牛市翘首以盼的散户的心理，认为开除对影响牛市重来的公开唱空者也不过分。不过，暂不论券商分析师研报何时这么重要过，类似对个股斩钉截铁看空，毫不含糊地给出卖出评级的研报倒是很少见。

作为上市公司和投资者的信息中介，证券分析师发布证券研究报告对投资者行为会产生影响，并最终影响证券市场效率和中小投资者保护水平。买入、增持、减持、卖出等评级都很常见。但在参与者以中小投资者为主的A股市场，受主客观多方面因素影响与制约，证券研究报告质量不高甚至出现“娱乐化”倾向，部分分析师热衷做“网红”，预测偏差较为严重，“噪音”损害了市场有效性，以致没人拿研报当真，也是常态。对于散户来说，往往更多关注能够带来短期收益的题材炒作，却忽视公司基本面信息，分析师基本面信息挖掘再多，也并不一定能够影响投资者的决策。与此同时，对证券分析师价值拥有发言权和投票权的不少机构投资者，尚未完全建立价值投资理念，对短期炒作也有偏好，这些机构投资者的短期行为更是对分析师的工作产生扭曲立场，使得证券分析师为获得短期利益可能不向市场传递更多的有效基本面信息，甚至为迎合投资者需求而敢于做“跳梁小丑”。因而，近年来A股市场一系列“研究报告门”“新财富”评选乱象的出现也就不令人意外了。

令人五味杂陈的是，有数据统计了2011年后五年的研报，其中旗帜鲜明给出卖出评级的占总数不足1%，而买入和增持评级的比例却高达80%之上。分析师这种或主动或被动的乐观偏好，无论在牛市和熊市环境中都普遍存在。这里面虽然有A股长期以来卖空限制等原因，客观上造成分析师很少撰写发布卖出或减持建议的研究报告，但在分仓佣金导向下，分析师在研究过程中会受到“潜规则”和利益冲突倾向的影响，也是不争的事实，于是市场质疑其独立性与靠谱程度就有了较为充足的理由。中国证券业协会数年前就曾为此专门发文进行规范证券分析师的独立性，分析师不得因证券发行人、上市公司、基金公司、资产管理公司等利益相关者的不当要求而放弃自己的独立立场。否则，长此以往，“研究创造价值”这句话研究部分存在的必要性也迟早立不住脚。

由此来看，2019年年初疑似熊牛转换之际，这两份分析师旗帜鲜明的看空报告如同一声惊雷，“炸”得恰逢其时，更是对其自身专业性的一种自证。分析师本身就是由高学历人才组成的比较特殊的职业，职责在于通过严谨、缜密的逻辑判断上市公司是否具有成长性，是否具有投资价值。券商分析师行业工作强度大，任务指标众多，尤其是规定时间内要完成规定数量的研究报告，并以此作为考核依据也是业内共识。这般艰辛的工作倘若因独立性的缺失，而沦为“网红”般的娱乐，可谓斯文扫地。因而，对其中质量与调研深度俱佳的报告，我们当持欢迎态度，更欢迎分析师坚持自己的观点，而非模棱两可的“骑墙派”，这一点并不因其推荐的是买入还是卖出的评级而改变。

十七 各方都需要和欢迎牛市

对于经济学人来说，即便是在成熟国家的资本市场，股票也容易受到大众错觉和民众疯狂行为的影响。更有趣的是，在一些经济学家看来，股票价格并不像人们认为的与经济状况和未来前景有很大关系。如经济学家保罗·萨缪尔森所说："过去发生了5次经济衰退，华尔街指数却预测出9次。"不过这一切并不是2019年开春以来我们可以忽略A股的理由。如你所见，一个牛市正在中国的大地上徘徊。

（一）股市如棋，局局新

2018年最后一周证监会"换帅"，对于久浸股市的老股民来说，自有一番深意。这一讯号之外，是券商等机构一再"喊涨看多"：A股上市公司价值在商誉减值利空短期内集中释放后开始体现，商誉减值造成的冲击，实际上也是"不破不立"的过程。资金面上压力在2018年年中开始减轻，金融去杠杆已卓见成效。而2019年两会传出的减税措施，无论是对企业还是个体而言，都可望为A股重建带来新的资金流。股权质押风险正得到有效化解。过去一年A股股权质押规模从6万亿元降至2万亿元。加上A股加入富时罗素指数占比扩大，也将有望喜迎更多的外资参与A股。技术面上看，也是蓄势信号明显。

新气象终于在2019年两会召开之际来临。已上升到国家战略高度的科创板箭在弦上，受到前所未有的关注。仅仅这一主题，也会让2019年中国股市热闹非凡。自2019年2月末开始，两市交易总量过万亿已经频现。

包括外资在内的各路资金仍在继续“买买买”的同时。上市公司的大股东等减持并不手软，每天都有不少的减持公告。券商之间的观点也吵翻天。海通证券认为，当前是历史性机会；而中信证券则认为反弹已经接近尾声；国金证券表示，将演绎“Λ”形走势，择时兑现收益，落袋为安；申万宏源则定义为一个完美的春季躁动。券商板块作为本轮行情的领头羊，一度强势逼空，随后震荡多日。3000点上下的区间成交密集，也意味着到这个位置，将有大量的套牢盘解套，也意味着这个区域多空争夺激烈。盘中稍有回档，就有源源不断的资金进场扫货，创业板指数更是一马当先，似乎要用“横有多宽，竖有多长”来为自己正名，指数一度30%～40%的涨幅让踏空者望股兴叹。

（二）狗年跌出来的机会，猪年捡便宜？

强势逼空的氛围里，投资者的风险偏好随指数的上涨或大量资金的涌入而提高。在牛熊争辩之际，对于部分还在雾里看花的机构来说，可能一年也就这么一次吃饭行情；对于散户来说，则担心牛市来了自己还没“上车”。不过2019年初的行情是大多数人坐姿还没调整好的时候，车已经开始加速。其中一些问题较多的“老爷车”也开始狂飙，甚至领先众股，不禁引发包括监管层在内的业内人士担忧。此前有上市公司在互动平台回应投资者“无厘头”问题时无奈表示：

“一脸真诚地跟您分享一个段子‘东方通信：我们没有5G通信网络建设相关营收……投资者：闭嘴，你有！’”可谓对散户心态的生动刻画。2018年11月《证券时报》连发报道直怼“妖股”，便是对散户的一种警醒，可谓用心良苦。

这轮行情之前的券商研报里，“便宜就是硬道理”这一逻辑得到了不少人的认同，看好股市、看淡房市成为热门选项，只是具体“发车”时间谁也不能预知。应当说，不管围绕3000点如何震荡，心态最稳的就是之前在很长一段时间段内，默默在底部定投，买到一度怀疑自己做的究竟是否正确的股民，这一波行情中兑现部分本金后，剩下的仓位无论大盘走势如何均可从容淡定。因为说到底，投资是孤独与反向的，别人恐惧我贪婪，别人贪婪我恐惧，说起来只是上下嘴唇碰一碰的事情，但操作中却是逆人性的。毕竟高峰未出之时，谁也不知道之前是谷底，能够坚持在冷嘲热讽之中默默买入“便宜货”的，除了对于价值投资的认可，更多的也是对A股市盈率已经够低，“跌无可跌”自我认知的坚持。这种人不炒股做别的事情也比一般人成功的把握更大。有意思的是，牛市还没确定是否真来，大批“股神”已如雨后春笋般冒出，喊打喊冲，事后诸葛的水准大多还不如“韭菜”。

（三）需要牛市，欢迎牛市

一个交投清淡、死气沉沉、没有财富效应的股市，与中国经济的发展肯定不相适应。有着全世界第一外汇储备和最快发展速度的中国在国际资本市场中应大有可为，“稳增长、强改革”同样是我们对股市的期待。“股市是经济的晴雨表，经济好股市才能好”，“股市是经济的发动机，股市好经济才会好”等说法也不无道理。活跃股市，并推动股市稳定健康发展已是中国经济发展的战略性布局。沪港通、深港通、QDII之外，推动社保基金、企业年金、养老基金等更多的长线资金进入股市，让健康力量成为市场运行的主流，成为长期牛市的支撑力量之一，也同样需要股市有好的表现。

牛市里无风险利率下降空间打开、风险偏好大幅上升——股市驱动机制的转变是市场上升的动力源泉。有专家在上一波牛市里就曾论证，从2008年美国次贷危机开始，全世界股市的驱动机制就在进行悄然转换，驱动股市上升的决定性力量已经不再是经济现实状况而是未来预期。美国股市前几年迭创新高的原因在于市场与货币的有效互动，促进了产业结构的升级和换代，化解了次贷危机，最终形成新经济、新产业、新产品、新模式引领经济发展的全新格局，并带领美国经济率先实现了全面复苏和有效增长。

不过在散户看来，牛市的内在逻辑还是财富效应，即股民口中的赚钱效应。中小投资者对于涨停的渴望强于对公司的了解，前者无可厚非，但后者有“盲人骑瞎马，夜半临深池”的危险，尤其在牛市后半程。从另一个角度看，投资者购买股票，他们买的是一份未来收益，只是限于各人的认知与研究范畴不一，选择个股或者股票型基金的能力，更是参差不齐，只不过对于大多数散户来说，行为金融学上早有留痕，三根阳线改变信仰，涨的时候敢喊5000点，跌两天又担心会不会回到2400点。

选择投资对他们来说是否值得，还取决于他们有没有其他的选择，倘若没有其他更好的选择，在自己力所能及的范围之内，承担一些风险，博取一些收益，即便通过融资融券来放大杠杆，这亦无可厚非。但倘若还有其他更为稳健的选择，只是为了股市不确定的收益，跟风恐慌式入市，甚至在自己能力范围之外，加杠杆，特别是通过违规渠道来加杠杆入市，则凶多吉少，不可取。另外随着证券市场的发展，一般来说，中小投资者的占比应该越来越小，受人之托、代客理财的机构投资者此刻的价值应该显现出来，倘若散户对于当下这些机构不是太满意，但对他们所提供的“工具”其实还是可以引为己用，例如指数基金现在已经有太多选择，基本涵盖了各板块各领域，股民达到一定门槛，还能有分级基金 B 份额可以拿来放大杠杆，挑一只流动性好点的指数基金，比选个股简单多了，大致也能有个平均涨幅，即便真是牛市来了，也可以交出一份合格答卷。

Chapter 2
第二章

金融科技发展迅猛，安全之锁不可缺

余额宝、微信支付、大数据、人工智能……当传统金融遇上最牛黑科技，前所未有的巨变正改变着人类文明和生活水平。随着躁动的资本疯狂涌入，金融科技日渐成为新风口，创业者开口闭口必谈场景、赋能、变革，而你必须要深刻懂得的，其实远不止这些！

一

不让路边摊在数字经济时代掉队

扫黑除恶如火如荼，“套路贷”（披着借贷外衣行诈骗之实的“知识型”犯罪）成为其中一个重点打击范畴。遍观这些案例，会发现当事苦主往往在并未山穷水尽的情况下竟然莫名其妙地信任某条垃圾短信入套，给自己与家庭带来伤害与痛苦。这当中，对于一些病急乱投医的小微企业主来说，很可能就包括一种信息不对称：没有发现在支付宝、网商银行等正规数字科技平台当中，他其实有几万乃至数十万元的“商家贷”额度。这个数值来自之前他作为小摊主扫码收款累积的信用额度，只需要在手机上进行简单快捷的申请，资金便可以即刻到账。

其实，在迄今已开业运营的 17 家民营银行当中，聚焦小微企业、

“三农”、科创企业类似需求的不在少数，既践行了当初监管部门设立民营银行的初衷，也给了小微企业一条“活路”。只是苦于物理网点少见，信息不对称一直存在。

对于物理网点数高企的传统银行来说，做这种贷款仍然是一件难事，包括那些声称要以科技立行的传统银行。网商银行等民营银行则凭借技术手段，以数据为资源搭建出模型与方法，充当了“鲶鱼”角色。毕竟，将服务小商家的量与质放在利润率之上的“偏执狂”银行不多。犹记网商银行开张时，马云给定的目标是5年内服务1000万小微企业，网商银行完成这个目标用了3年，并且户均授信仅3万元，这一授信均额属于传统银行难以想象或者说“不值得”“不屑于”为之。同样的流程，同样的人力物力，为什么不做一个亿、几千万，而只做3万元的生意？但小微商家，乃至路边摊，又的确只有这么大的体量，更尴尬的是其中80%的人之前从未在传统银行获得过贷款。传统金融机构做不到的事情，互联网数字科技大行其道的背景下，方有了落地的可能。只有互联网数字科技，才可以摆脱专人、柜台的方式来服务遍布在中国角角落落的小微企业与个人。

从线上到线下，从城市到农村，民营银行干得越来越起劲。网商银行提前两年完成马云目标后，紧跟着又提出了新目标——3年内联合1000家金融机构服务3000万小微企业，并将“310”模式（3分钟申贷，1秒钟放款，全程0人工介入）“无私”分享到了近50家传统金融机构，为这些金融机构提供系统建设、账户对接、资金增值等金融服务，赋能这些金融机构的同时，间接造福他们各自的用户。

无独有偶，支付宝2019年7月初率先宣布，未来3年，将向小商家推出免费的数字化运营工具、收单工具等一揽子扶持计划，3年至少为他们节省500亿元。用倪行军的话来说，就是不让一个路边摊在数字经济时代掉队。考虑到这两年“生意难做”的经济形势，成本的降低对于小微商家、路边摊来说，意义重大。

数字经济究竟如何给小微商家与路边摊减负和节约？以我们熟知的收款码来说，从2017年以来，遍布全国大街小巷的小商家用上收款码，不仅可以免费收银、提现，还可以免费获得数字化经营工具。可以将小商家的总体经营效率提升约10%，人工成本和经营成本也大幅下降。另据支付宝2018年调研，两人规模的“夫妻”店中，当年有三成扩充成了5人以上的经营团队。经营团队扩张的同时，贷款需求也随之提升，全年小微企业整体贷款笔数增加了约6成。网商银行给小商家的贷款利率在2017年下降1个百分点的基础上，2018年再降1.2个百分点，2019年还在继续下降。“银税互动”，小商家在补充税务信息后，网商银行还将为小商家提额100亿元。

作为国民经济的毛细血管和就业“稳定器”的小商家敢贷款，说明其对未来信心十足。能贷到款，懂数字化经营，无疑减少了未来的不确定性。但小商家的需求分散、体量小，没有报表，少有合适抵押物，借贷需求来得快去得也快，是一个不争的事实。传统金融机构不能解决或者说解决起来勉为其难的小微与个人客户的信贷需求，互联网数字科技平台给出了一个有效的长尾补充。以网商银行来说，做这种业务有其自己的底气，这个底气就是来源于支付宝的支付数据，支付宝获取很多小微与个人商户的经营数据，凭借这些数据，再通过人工智能的方法计算小微企业本身的信贷额度、违约概率、信贷周期。通过手机客户端，便把柜台延伸到了客户。更为重要的是，融资成本有望逐年下降。

新兴互联网数字科技平台与民营银行能够高效发展的背后，也反映出监管部门积极拥抱新模式与新想法。支付宝等数字科技平台推出免费数字化运营工具、数字收单工具等一揽子扶持计划，让小商家拿到了数字经济时代的门票，自身也可以通过互联网化，降低运营成本和获客成本，得以“弯道超车”，并将节省的成本回馈客户以提升客户体验。无论从哪一方面去考察，都是多赢的格局。可以预见，未来有望有更多服务小商家的数字科技平台公司出现，实现优势互补。而对于那些从小商家中脱颖而出的佼佼者，若能心存感念，生意做大了仍不离不弃最初的平台，并通过各种方式反哺，帮助与其当初一样弱小的小微与个人商户，可谓善莫大焉。

二 金融科技的魅力，只是刚刚开始

2001年的《经济学人》的一篇文章提到，将来街头艺人可以凭借自己的手机通过某种方式来收取打赏，这样看热闹的路人不担心没零钱，艺人也不用为盒子里的辛苦钱被风吹走而分心。十余年白驹过隙，这一想法在现在看来实现的太过轻松，手机都不用带，只需打印一张个人支付宝或微信收款的二维码即可。多个日常生活场景中，无论出门打车，还是家门口的小吃店内，客户兜里没钱见怪不怪，商家不支持手机支付，倒多少显得滑稽。这种下意识的全民参与无现金社会的建设，也许正契合了支付宝背后的蚂蚁金服等非银机构的最初设想。多年前看重的趋势正在现实中渐次实现，互联网把沟通链条缩短到极限，IT化使得金融服务完全可以直接面对终端用户。互联网，尤其是移动互联网与金融两者间的关系，有望从被P2P频频爆雷而搞坏的名声中恢复，互联网与金融其实并不相克。

有观点认为，推动人类文明进程有两股力量：一是科学技术；二是科学技术的大规模应用。这可能过于宏观，我们更需找寻微观上的佐证，譬如无现金社会、余额宝、芝麻信用分、微信小程序等。

蚂蚁金服向来推崇自己会做好一个纯粹的技术提供方。2017年5月底，天弘基金公告将个人持有余额宝的最高额度下调至25万元，同时余额宝平台开始代销其他品牌货币基金，可谓言行一致。天弘将嘴边肉拱手相让，有几分尚可归因对全盘流动性风险的顾虑，毕竟以其高峰期月均千亿的长尾增量，规模暂无止境，对此细思恐极，各方难言已有充分的心理准备。对余额宝的稳定管理、风险控制，显然已超过单只货币基金存在的意义，在此背景下，考虑限制余额宝申购规模、调整认购上限的举措或许有一定现实意义。但余额宝平台对其他基金产品盛情相邀，是其战略层面的大格局。

余额宝从横空出世到如日中天，不过短短几年。前有口碑传播，后有新生代的代际成长接力，从“得屌丝者得天下”步入主流，成为人们自发的、首选的入门级理财产品，并带动了各家公募基金“宝宝”类产品的发行热潮。阿里除了凭借一己之力将天弘基金送上公募管理规模第一的宝座，亦在社会上引发了一波前所未有的普惠理财潮。4 年后，蚂蚁金服选择在余额宝平台开售其他的货币基金，这不但预示着天弘基金在余额宝一家独大的时代可能终结，也让有 25 万元以上高流动性理财需求的优质客户很可能转投微信理财通，以及京东、百度、苏宁等相关金融平台。长远来看，这显然是一个影响互联网金融行业生态的大事件。基于蚂蚁金股的科技金融战略，相信这只是开始，其平台正在探索更大范围地向金融机构开放。从这一系列管理和战略变动看，至少涉及余额宝母公司发展策略、金融监管防风险、公募基金行业、互联网金融行业发展等多个维度。

这不禁令人回忆起当初腾讯经过“3Q 大战”（360 卫士与 QQ）的洗礼，平台与接口开始对外界逐步开放，此种精神后来被微信一以贯之，方有今日微信成为国民移动互联网即时通信工具的大格局。从管理学角度去思考，单个事物急速扩大十倍、百倍，其内部结构一定会不堪重负，从而发生变化。此刻的主导力量往往也已经超越一家公司的力量。应当说，余额宝的额度虽然收窄，但是蚂蚁金服此举拓宽了整个行业的宽度与深度。

另外难能可贵的是，虽然是支付宝造就了余额宝，但在余额宝做大之后，支付宝并未被逐渐跳开与架空。更为可喜的是，支付宝这类发轫于互联网的科技金融企业有着创新的内生基因，从来不甘落后于时代，但往往乐于引领一个时代。最新的感受就是现在可以通过支付宝，凭借一定数值的信用分免押金，实现与当下最时髦的共享单车的捆绑。或是凭借更高的分值来完成信用签证，踏上日本、卢森堡等国的行程。对于相关各国大使馆或者旅行社，都可以借助“芝麻信用”来优化自身的服务体验。这类对于客户所关切的痛点进行解决，无疑赢得了大部分客户的好感，极大提升了客户黏性与忠诚度。

“蛮荒”亦是借巧，可以协助不少本应归属于政府的职能破局，政府主导的公共自行车在不少大城市的路边摆了许多年，实名制、规定地点办卡充卡，指定地点借车还车，因烦琐而少人问津，直至锈迹斑斑。民间资本充斥的共享单车大热之后，带来了服务体验飞升的质变，相关部门精力只需转向管理即可。同样，无现金并非指现金的消失，而是货币的信息化、透明化、快捷化。无现金支付推动无现金生活，带来全社会效率的提升、推动传统行业互联网化的升级转型。而芝麻信用将一个人日常生活行为数据纳入考量，让信用成为一个可衡量、可变现的资产，意味着每个人需要对自己在网络上的很多行为负责，由此从侧面协助净化网络，并以个人信用建设带动企业信用、政府信用建设。此外，政府、医院等企事业单位接轨移动互联网，进驻支付宝便民窗口或开设微信公众号向用户提供更为便捷的服务等，不一而足。各领域内这类已来或者未至的变化，令支付宝等已成“万能的群友”之势。除却各地发展不均，会忽视弱势群体的缺点，需补充救济手段之外，政府职能部门省力增效、“万友”们获名得利、用户省心受益，可谓三赢。

多年以前没有余额宝，不知微信。乐观预见，“万友”们的名单有越来越长之趋势。各方对此理应抱有开放、磨合的心理准备，毕竟，这既是大势所趋，也是社会福祉之源。

三 无现金绝对不是拒绝现金

2018 年 7 月 13 日，中国人民银行发布公告，任何单位和个人不得以格式条款、通知、声明、告示等方式拒收现金。中国人民银行将会同有关部门，在综合治理的基础上对行政事业、公共服务、大中型商户进行重点关注，对不正当竞争、恶意或采取歧视性措施排斥现金的行为，予以查处。这一口径与之前中国人民银行所发的一系列通知，以及《中华人民共和国人民币管理条例》等法规相吻合，再次强调包括纸币与硬币在内的人民币是国家法定货币，任何单位与个人不得拒收。

无现金社会不是一个陌生话题，从进庙烧香的香火钱，到贩卖时蔬水果的街头小贩，均已支持扫码支付。以支付宝与微信支付为代表的中国第三方支付市场，目前用户量和交易规模均为世界第一。尤为值得关注的是，我国三、四、五线城市商家接受手机支付与客户线下支付的交易笔数，近年均呈几何级同步增长之势，从这种下意识的全民参与非现金社会建设的角度去看，说非现金社会正加速来袭，并不为过。

不过，与丹麦这样敢于在 2017 年关闭印钞厂的国家相比，无论在国民素质，还是在非现金收受的相关软、硬件建设上，我国还存在较大差距。即便在极具现代感的上海，部分地铁站曾在设置了自动充值机器之后，不再提供人工售票及充值窗口，一时让不少既无支付宝又不懂银行卡支付的老人纷纷发懵，此后，这些地铁站最终还是保留了若干人工窗口。此外，若是出于商家或者平台私利，不让客户使用现金而强迫客户使用某种指定支付方式，显然已有不正当竞争等违法违规嫌疑，中国人民银行上述公告就是警示此类现象。

在一个支付手段从现金朝无现金过渡的时代，表面的混沌与无序不可避免。身处各个领域与背景的客户，在确认支付安全的前提下，自然会选择对自己最便捷的支付方式，这里面有潮流所向，是大势所趋。但认知水平不一的客户，无论使用何种合法的支付手段，都需要被平等对待，都需要被提供相应的基本服务。这不仅属于技术范畴，也是社会道德范畴。除了中国人民银行的强力纠错，公共服务机构做好备选救济手段也比较迫切，各支付平台更应有识时务、顾大局的觉悟，如同蚂蚁金服 CEO 井贤栋曾呼吁的那样，联手超越竞争，在用技术给用户带来便利和价值的同时，关照特殊群体的需求，帮助整个社会平滑过渡到无现金社会。而不是自筑藩篱，自毁来之不易的行业生态。

无现金不是拒绝现金，扫码也不是不要钱。生活场景的智慧化将加速金融等行业的重构，这才是非现金社会真正有趣的前景。支付领域已经开始进入“万物皆载体”的新阶段，指纹、脸部识别也已经成为比较成熟且常用的识别方式，应用场景逐步丰富。包括概念、界面、组织以及技术创新在内的各项金融服务创新，让顾客操作简洁，让客户觉得方便，是当前支付宝、微信支付的努力方向。

发展中的问题宜在发展中解决，中国人民银行公告在尊重新业态发展的同时，也尊重了不同支付使用方式的人群权益。这保证了无论身处哪个城市的客户，只需按照自己的认知进度和个人对于支付安全的感受与体验，不被有意误导，不被无知吓倒，不被私利强迫，自然而然地参与到这一支付变革历史进程中来即可。

四

微信支付需走安全之路

如今，人们丢了银行卡淡定，丢了手机却惊慌失措。在微信有了金融属性之后，支付、转账等功能与人际交往相重合，转账被骗、微信欺诈屡见不鲜。2018 年 8 月 14 日，浙江省消保委（消费者权益保护委员会）就所收到的微信冒充好友头像或昵称导致转错账、微信金融诈骗、微信交易难以维权等情形，正式向腾讯以书面形式提出了三点建议：一是建议腾讯全面落实微信支付实名制；二是建议腾讯健全交易安全措施。建立健全微信支付防转错账机制，当用户转账超过一定额度时提醒用户进行姓名校验，以及建立大额转账延时到达机制等；三是建议腾讯公司完善事后协助机制。当用户权益明显受到侵害无法协商解决向平台求助时，微信平台应尽到合理的协助义务，并积极协助司法机关提供立案所需的相关信息。三条建议可谓切中要害，也较为中肯。

相比于支付宝十余年来专业做移动支付的积淀，微信作为杀手级国民社交平台，在移动支付领域属后起之秀。相比前者，很多风险防控措施尚在磨合阶段。但越来越多的人因为微信的便捷性与即时性，选择直接使用微信支付方式进行资金转账、日常购物等。不过也正是由于微信支付由社交平台基础上发展而来，相对存在更多的安全隐患，毕竟金融诈骗往往在熟人环境下更容易得逞。况且，很多微信中的好友还不一定在生活中熟识。所以，这是微信支付目前必须要重视的问题。而从财付通（腾讯旗下负责微信支付的运营公司）对浙江消保委的反馈来看，亦认识到了这一问题。

此外，按照现行用户在使用微信支付之前的勾选，所有非授权交易产生的所有损失都将由用户本人承担。换句话说，支付便捷的代价就是用户要承担交易的一切后果。虽然支付安全可“由中国人民财产保险股份有限公司承保”，但这点对于客户而言，存在举证难、理赔慢、适用范围有限等问题，目前更多的只停留在安慰层面。倘若客户在风险发生后，想要求微信支付承担赔偿责任，那么从传统民法的角度来讲，客户必须能够证明微信支付存在明显过错，否则只能要求直接侵权人承担责任，或者自己承担所有损失。在客户向腾讯客服求助正当权益维护都甚为艰难的今日，要微信支付自证其错又谈何容易。而且宏观上，扫码支付行业标准迄今尚未出台。《中国人民银行法》以及《人民币管理条例》对人民币的阐述更多都是指对纸币和硬币的管理，而对于新兴电子支付以及正在研究的数字货币，相关的法律法规还有待与时俱进。

微信支付这一新型支付手段操作起来便捷、即时，使得操作人往往只能认识到非常粗糙的信息，而忽略整个支付流程中的其他细节。根据大多数人的使用体会，微信二维码收付款最重要的特色就是，在一定额度及次数内免除密码、短信动态码以及任何信息验证。消费者对二维码所含信息并不明确，事先肉眼并不能对二维码所含信息进行识别。消费者进行扫描之后，手机会自动跳转到相关链接所指引的网站，如果二维码所含链接对应的是钓鱼网站，或者木马下载，消费者进行相应操作，就会使手机中毒，消费者相关权益必然受到侵害。这显然是一个不安全的支付模式，却在实践中广为应用。那么，出路只能是解决好风险防范问题，或者风险发生后的责任分担问题，这样才能把一个不安全的支付模式转变成一个安全的支付模式。这一点上，微信支付还有不少路要走。

五 小程序之争，服务好用户才是致胜关键

2019年5月，有网友称因在多个重要行业数据反超微信，支付宝小程序团队获得了蚂蚁金服CEO特别大奖，团队每人奖金为50个月月薪。随后蚂蚁金服官方确认了消息的前半截，蚂蚁金服最重要的年度奖项——CEO特别大奖，2019年的确授予了支付宝小程序技术团队，但50个月月薪奖金的传闻仍然使姗姗来迟的支付宝小程序赚足了大众的眼球。

对IT不太关心与了解的人来说，可能不明白小程序是什么，但是说到上支付宝缴纳水电燃气费，免押金扫开哈罗单车，进餐馆打开微信扫码点餐，大多数人并不陌生，这背后就是小程序在起作用。小程序使用门槛低，相比较APP复杂的安装注册流程，小程序只需点开就可以使用，一天更新三四版，然后在小范围内进行几轮测试，发现版本不好马上撤回再更新，而APP做到月更就已经很了不起了。事实上，小程序面世迄今不过两年，2017年1月微信推出小程序的初衷是“用即用即走的方式激活线下的弱链接场景”。这是介于APP与HTML5（可以简单理解为网页）之间的角色，是一种运行于超级应用上的移动应用。数据显示，微信小程序发布两周年当日，周活跃用户数超6亿人，覆盖超过200个细分行业；支付宝小程序正式落地4个月，用户数5亿人，日活跃用户1.7亿人，覆盖行业超290个。

作为近两年略显沉闷的互联网行业中难得的亮色，小程序实质上已经成为没有硝烟的战场，兵家必争之地。马化腾和张小龙曾表态称小程序会是腾讯和微信接下来发展的重心自不用说，支付宝井贤栋认为至少在未来3年内，小程序一定是支付宝最重要的战略之一。其最为自信的是支付宝小程序的两个核心能力——底层能力和转化率。支付宝小程序的底层能力包括我们所熟悉的信用能力（芝麻信用）、人脸识别（VR）等。事实上，这也是支付宝小程序为何能够在正式发布仅4个月，各项数据不输微信小程序，并呈现进攻态势的原因之所在。2019年3月，阿里发布“小程序繁星计划”，联合旗下阿里云、支付宝、淘宝、钉钉、高德地图等扶持开发者和商家，将提供10亿元开发者技术补贴、10亿元商家运营补贴，这说明打通阿里大生态，成为阿里小程序的通用标准与框架，为阿里生态的进一步开放打下了坚实基础，更说明了阿里系对小程序“巷战”的求胜决心。要知道，在这之前支付宝也曾经误入社交的歧途，认为社交能带来用户量的上涨。在遇阻后听取了客户的吐槽，果断摒弃社交功能，用户量反而大涨。2018年12月，支付宝APP月活用户数甚至首次超过手机QQ，成为国内第二大APP，也是全球最大的非社交类APP。

不过，从单一客户体验角度来说，对用户的数量、交易的规模以及品牌这些数据也许并不关心，更关心小程序好用不好用，更关心小程序能不能满足用户的需求，能不能及时提供用户最想要的价值。以上一辈为例，很多人直到今天也不会安装APP，除了不小心被动下载的一些软件，手机里面可能只有微信、支付宝等极少数或一两个自带APP，因此，小程序当仁不让地成为他们与网络连接的“高速公路”。

目前来看，微信的社交属性之强短时间之内无人可以撼动，在这场小程序竞争中占据先发优势并不令人意外，但正因为其社交属性太强，所以注定了微信小程序与生俱来的“娱乐性”。一旦与钱搭上边，总显得不那么“严肃”。而支付宝小程序则扬长避短，依托强大的芝麻信用评分机制，主打“用钱的严肃性”。在其主营二手物品买卖的“闲鱼”平台，越来越多的买卖双方都是先互相“打量”一番对方的芝麻信用分，内心达到某一门槛，价格则不那么刚性，一旦无法达到门槛，价格再优惠也不见得会有交易的兴趣。有理由预测，将来在支付宝上运营的大部分小程序，运营者与客户的信用分将会在自愿基础之上被公开，运营商可以凭借较高的信用分吸引客户，而客户则可以凭借较高的信用分，得到更高档次的增值与差异化服务。拥有海量用户关系、时间和内容的微信与拥有强大商家运维经验和金融信用能力的支付宝在小程序之上的竞争，将演变成社交和信用的终极较量。

小程序既然如此重要，“风口”说自然又频现江湖。除微信与支付宝两大巨头之外，百度、今日头条等其他巨擘也纷纷入场，昔日APP之争大有换一个战场再战的意思。但众所周知，不管什么热门领域，一拥而上的后果大多是一地鸡毛。张小龙曾经拿当初一样大热的公众号打过比方，第一波进来的人往往滥用它的流量红利，实质上并没有创造价值，对我们的用户并没有好处，对平台也是一种损伤，道理显然同样适用于今日的小程序之争。所以，既然要服务用户，那就选择用户认为效率更高更方便的方式接近他们，扎扎实实做好服务。以支付宝上的哈啰单车小程序为例，红（摩拜）黄（OFO）阵营铺天盖地之时，谁也不曾看好。其逆袭正是依靠芝麻信用免押金，一举击中当时被酷奇、小蓝等共享单车倒闭潮波及押金的用户痛点，数月之内就完成了翻盘，“街边变换大王旗”。井贤栋的“用户大可以在社交、游戏、视频上耗费时间。对于支付宝来说，只要用户在解决刚需问题的关键时刻，能想起我们，就够了，甚至停留时间越短越好，因为这才代表解决问题的效率够高”之语，更是对小程序“命门”在于高效率解决客户问题的佐证。

因而，对待将各个平台旗下用户从传统的APP当中解放出来，给各个行业都带来了巨大机遇的小程序，我们还是少扯一些“风口”，少当什么“网红”，踏踏实实替客户做好工具，有点芝麻信用分等“绝活”更好。毕竟，程序虽小，但反映出的态度很严肃。

六

“宝宝”们其实很需要理解

以余额宝为代表的“网红宝宝军团”收益率持续下滑受到了人们的广泛关注。“宝宝”们背后对接的都是各大公募货币基金，而2018年以来，多只货基平均7日年化收益率已跌破3%，少数收益亮眼，仍有4%甚至5%收益的货基基本早就关闭了大额申购，自由申赎受限，因而不具有代表性。

当初“宝宝”们以其一分钱起购的低门槛和手机端操作、一定额度内赎回实时到账的便捷性，迅速引爆市场。前有口碑传播，后有新生代的代际接力，其中的执牛耳者——余额宝等少数高知名度的货基成为主流，成为人们自发的、首选的入门级理财产品。客户不论年龄、学历、职业，往往是其人生第一次理财尝试的开始。这种对于客户关切点的暴击，也间接倒逼以往相对“高冷”的商业银行对传统业务进行创新与转型，加速利率市场化的进程。更为要紧的是，虽然增速放缓，移动互联网的这种长尾效应迄今并未看到尾。

那么货币基金收益率的走低，会不会对这一进程产生影响？有数据表明：不但不会，反而呈现出越跌越买、规模不降反增的情形，货币基金总规模仍在不断抬升，截至2018年7月底，公募基金总规模13.83万亿元，其中货币基金已达8.64万亿元，占比62.48%。这说明相比货币基金风险极低的安全性与绝佳的流动性，收益率并不在投资者最关心的。并且相对银行的活期存款利率、定期一年存款利率等，货基的竞争优势仍然不言自明。

货币基金收益率的不断下滑，根本原因不在于基金公司管理水平或者基金经理的个人能力，而是与整个货币市场的松紧度密切相关。2018 年年初以来，中国人民银行已经通过两次降准、一次扩大中期借贷便利（MLF）担保品范围的方式，给货币市场释放了不少流动性。叠加降杠杆、去产能的大势，社会投资以及贷款需求减少，银行自有资金增加，进一步降低了对协议存款的依赖性，而这一块资产配置在货基里占大头。也就是说，整个货币市场收益在不断降低，不仅仅是余额宝等货币基金，也包括银行理财产品。此外，《公开募集开放式证券投资基金流动性风险管理规定》自 2017 年 10 月 1 日已正式施行，配套之前的《基金法》《货币市场基金监督管理办法》等法规文件，基金管理人在内部控制以及基金产品设计、投资限制、申购赎回管理、估值与信息披露等业务环节，货币市场基金的流动性风险管控可谓遭遇了迄今最详尽的规定，基金经理个人发挥的空间极小。

再来看规模已经攀升至 1.8 万亿元，占货基总规模 1/5 的余额宝，收益率即便只能达到一个主流平均收益，也完全可以理解。真要在底层资产上打主意，通过信用下沉、拉长久期和加杠杆等高风险动作，收益率有可能比现在高出 10% ~15% 左右。但是，对整个货币市场全盘流动性风险与系统性风险而言，余额宝有着举足轻重的地位，其稳定管理与风险控制，显然已超过单只货币基金本身存在的意义。基金管理人做好风控、严控杠杆，在风险、流动性、收益三者之间做好平衡，前两者的砝码稍重，都是应有之义。而对于用户来说，如果只看收益，对“宝宝”们来说不公平，对用户自己来说也不是明智之举。况且余额宝还能被直接用于转账、还款、缴费、购物等支付场景，这些功能显然也能视为一种弥补。

公募基金发展20年，超总规模半壁江山的却是本质属性为流动性配置的货币基金，显然是对扎根于二级市场的整个公募行业权益类资产主动管理能力的有力鞭策，不过，货币基金有其存在的合理性。毕竟长久以来，国内普通民众能够接受或者说喜爱的，是收益率能比银行活期存款高上不少，期限灵活，但又没有多大风险的金融产品。从余额宝横空出世，之后“宝宝”们大行其道，虽不过短短四五年，但背后的货币基金发展却已有十多年。货币基金能从之前的无人问津，到如今的如日中天，真正成为现象级的全民理财渠道，要感谢余额宝所开启的货币基金创新，“宝宝”们此刻更需要理解，而不是被指责。

一般投资者对余额宝等“宝宝”收益率下滑感受明显的原因，其实还在于他们可以接触到的日常理财就是它了。暂不论银行理财低则5万元，动辄数10万元的门槛，信托公司的集合信托计划，券商资管，基金子公司的资管计划，都是100万元起售，况且预期收益率同样也在不断下滑。对于一般投资者，尤其是尚有房产配置、子女留学等需求，随时需要用钱的家庭，不应以收益率为重，而应始终把安全性摆在第一，由此，公募基金这样的资管“正规军”出品、低风险的“宝宝”们显然仍是最佳选择之一。

七

为“相互宝”引入赔审团制度点赞

一度曾被认为要“掀翻”传统保险，给行业带来类似余额宝级别震撼的“相互保”，现已温和转化为互助性质的“相互宝”。作为传统保险的补充，其独创的争议解决机制——“赔审团”流程尤为吸睛：当平台核查意见不能得到用户认可时，用户可以发起赔审，由全体赔审员兼顾情理做出最终决定。目前，在相互宝上，通过考试的赔审员已经有 90 万人。此前首个赔审案例结果揭晓，5 个多小时的评审内，58% 的赔审员投了反对票，随后用户主动撤回了评审申请，即便不撤回，本起案例赔付失败也难有翻盘可能。不过，在蚂蚁保险的另一个公益保险项目“宝贝守护计划”里，赔审团已经支持通过了 6 例争议案。由此，倒也不能得出争议案例很难得到赔审团支持的结论。

从另一个角度看，“相互宝”首个争议案例以赔审团“说不”告终，意义并不在于该用户究竟有无遵循“相互宝”的事先健康告知要求这一细节的探究，而是直击保险业一直以来被诟病的最大痛点——“理赔难”，依赖金融科技的赔审团机制，有别于司法仲裁、诉讼、行政投诉等传统消费者维权手段，几十万名赔审员在短时间内可以对线上某一案例该不该给予赔付立马给出确定结果，这无疑把以往最令人困惑的过程“透明”到令人“非常舒适”。这一种新型的社会矛盾解决机制，一改以往只能保险公司说了算的局面。在透明、公开的环境下解决争议，消费者个体层面理赔难、维权成本高的先天弱项问题得以解决，消费者获得了更为平等的话语权。

当然，“相互宝”仅为互助成员之间的大病互助计划，毕竟不是商业保险，天然带有“情理兼顾”的慈善、互助色彩。观察“相互宝”首起争议案件当中赔审团的所作所为，可以看到理性和人性两种力量闪烁出的光辉，人性当中有建立在市场规则之上的商业理性，商业理性之中又增加了悲天悯人的人性光辉。具体到这一案例当中来看，既显示了对用户或有的不履行如实告知义务的投机性动作的指责，但同时可以具体问题具体分析，考虑具体事故同告知与否的因果关系。有不少赔审员也提出可以按一定比例酌情或协商赔偿，这需要在将来的赔审团机制当中完善，但目前暂不支持比例赔偿模式。

“相互宝”的依附平台支付宝有一句名言：因为信任，所以简单。与立信为本的保险行业更是对路。赔审团机制借助互联网技术的便利性、开放性和去中心化特征，在矛盾纠纷的解决过程中发动和依靠群众智慧，把用户和保险有机结合，通过平等参与，透明决策，找回了信任。把裁量权交给用户，还有一个好处，就是倘若一切诉诸规则，诉诸权利，很多纠纷最后可能是硬着陆，问题看起来是解决了，但参与的几方却暗结矛盾。赔审团机制下，即使最终未获赔付，部分客户的诉求看起来没得到满足，但大都可以使人心服口服，是为软着陆。这里面也反映出一种当代商业思维方式的转变：商业机构把用户仅作为博弈的对象，就不会有赔审团。而只有在把用户当成利益一致方，大家利益一致的时候，才会有赔审团的出现。

客观来说，类似打车、租房一样，国内当前这些颇具争议的领域，需要有公信力，尤其需要年轻一代群体所熟悉的有影响力的互联网平台、金融科技企业参与进来。“相互宝”正是跨越了以往的沟沟坎坎，不仅激发了全民参与的兴趣，而且可能会给行业认知带来意想不到的质变。在促进保险回归“我为人人，人人为我”初衷的同时，“情理兼顾”的“相互宝”自身也保留着继续进步的可能性，仅这点就足以令人期待。

八 移动支付助力中国跨越“胡焕庸线”

多年前胡焕庸先生运用手工制图技术，发现了中国人口密度空间分布的分界线，被国际学术界命名为“胡焕庸线”（即东北—西南走向的黑河—腾冲线，这条线将中国分为人口密集的东南板块和人口稀疏的西北板块）。这一百年地理大发现也可以视为较早期的运用“大数据”的成果，这条线不仅是中国人口地理分布格局的重要基线，也深刻影响着对于中国经济、社会和文化空间的界定和认知。令人唏嘘的是，这条线两侧的人口比例历经 80 多年，却基本没有变化。与此同时，从经济视角去看，我国东西部金融服务可得性也存在“胡焕庸线”现象。即西部经济落后地区，获得银行信贷及相应金融资源一直较少；而经济发达地区获得的银行信贷及相应金融资源要容易许多。长此以往，地区发展差距进一步拉大，陷入恶性循环。

不过，伴随支付场景已经发生的革命，事情正在发生变化。2019 年 7 月，北京大学数字金融研究中心发布了一个最新观察结论，其通过追踪支付宝 2011 年到 2018 年的数据变化发现，移动支付正在打破传统的“胡焕庸线”，东西部金融服务可得性的差距缩小了 15%，省市间的差异缩小变化更大。2011 年，移动支付覆盖最高地区（上海）和最低地区（青海）之间的差距达 50.4 倍，而到 2018 年，覆盖最高地区（北京）和最低地区（西藏）之间的差距已降至 1.42 倍。这意味着，不到10年，移动支付覆盖率地区间差异极值缩小了近50倍。与此同时，移动支付也在缩小东西部金融服务可得性差距，这对抹平地区发展鸿沟意义巨大。以移动支付为代表的数字金融的蓬勃发展，是唤醒占国土面积56.29%的西北部区域发展潜力的最强音。

从百货商店的商家，到贩卖时蔬水果的街头小贩，均已支持扫码支付。以支付宝为代表的中国移动支付平台，目前用户量和交易规模均为世界第一。尤为值得关注的是，中西部地区三、四、五线城市商家接受手机支付与客户线下支付的交易笔数，近年均呈几何级同步增长之势。扫码支付这一动作，只是智慧生活降临过程中的一瞬，生活场景的智慧化也会反过来加速金融等行业的重构，这才是移动支付带来的真正有趣的前景，甚至已经超越一般民众所能理解的范围。包括了概念、界面、组织以及技术创新在内的移动支付等金融服务创新，在用户的生活场景中融入支付和其他金融服务，以达到建立真实人际关系连接的目的。从效果上说，是移动支付率先完成了“市场教育”的工作。横跨中西部消费者的消费、生活、金融理财、沟通等多个领域，这一刻，不管你是身处外滩边，还是嘉峪关外，每个用户都将成为“光彩夺目”的中心。

作为基本国情线，早在千年以前就已形成的“胡焕庸线”是自然环境和人类活动长期相互作用的结果，稳定至今都没有被打破，说明并非人为干预就可以改变。但史学家认为，这条线的形成有第一地理本性（地貌、土壤、水文和气候特征等）和第二地理本性（交通和基础设施等），换句话说，“胡焕庸线”两侧人口空间分布格局不仅受自然环境和及气候变化等因素的影响，同时也受到国家政策、经济条件、技术因素、开发重点等影响。与新型城镇化应该顺应自然的历史进程一样（有观点坚持“胡焕庸线”不会打破也不应该被打破），移动支付不一定要做突破“胡焕庸线”的最佳契机，但在造福这条线的两侧，尤其是西侧的民生，促进社会发展的同时，跨越“胡焕庸线”，乃至导致“胡焕庸线”产生一定偏移，倒是未尝不可。

此刻对于传统或者新兴金融机构来说，也是一个打破“胡焕庸线”两侧资源禀赋不均的契机。移动支付依赖互联网数字科技，以技术为手段，以数据为资源搭建出模式与方法。同样，传统金融机构也可以利用互联网数字科技，摆脱专人、柜台方式、地理位置来服务客户，尤其是小微企业与个人，将普惠金融传播到“胡焕庸线”西侧，让无论身在城市或农村小微与个人，通过电脑和手机端 7×24 小时获得金融服务。其背后是支付数据的支撑，凭借小微与个人商户的经营数据，通过人工智能的方法计算小微企业本身的信贷额度、违约概率、信贷周期，从而得以把柜台延伸到西部客户的手机之上。更为重要的是，融资成本也在逐年下降。如果将传统金融服务比作浇一棵树，挑一担水，面对无际的沙漠，挑水的办法显然难以实现绿洲，而以移动支付发轫的数字科技手段有望全面建立灌溉系统，跨越“胡焕庸线”。

九

“零钱通”的新意与预期尚存差距

2018年11月16日，腾讯新功能“零钱通”上线公测，意在打造一个“微信版的余额宝”，现有功能基本对标与拷贝余额宝，如在线上和线下消费场景中，用户可以选择零钱通作为支付方式；而在没有消费时，用户可将微信零钱或银行借记卡的资金转入零钱通，享受所对接货币基金带来的理财收益；除了基础的转入转出功能，用户还可以在各个消费场景下使用零钱通直接进行支付，还能用于信用卡还款。

这些相似功能，因为有余额宝开山在前，经过几年来支付宝的沉淀与浸入，基本都为人们所熟知。零钱通与余额宝一样，产品底层对接的，仍然都是货币基金，差别无非在于可选择的货币基金数量不同，但这并不是足以区分产品性质的关键之处，因为目前这两大互联网平台对于公募基金公司的吸引力还是非常巨大，平台挑选余地大，想放开几只都可以，基金公司想合作还需要排队。

零钱通放大招之处在于其宣称用户可以每日手动对接的收益率最高的货基产品，这种替客户“锱铢必较”的做法无疑是对当前类似产品痛点的爆击。当然，转换的前提是不损失客户原有收益，做到无缝对接。否则，客户以损失数天不等的产品收益来做这一转换，这一功能的意义就不大，立意就达不到其宣传的高度。然而参考当前国内公募基金业的运营规则以及相关监管规定，非同一家基金公司的公募产品互相转换，还做不到无缝对接，起码损失一天的收益。考虑到互联网平台货币基金的快速赎回可以有1万元，这句话可以概述为“当前非同一家基金公司的公募产品互相转换，还做不到无缝对接，单个客户1万元以上的转换量要以损失起码一天的收益为前提”。再想要在1万元以上额度有所突破，就需要平台垫资了，以理财通当前数千亿的货基存量，垫资成本可谓天方夜谭，对客户信用卡还款尚且必收手续费的微信来说（支付宝内信用卡还款手续费可以用蚂蚁积分相抵）不大现实。

然而，零钱通在这一关键点上采取了模糊处理，客户在零钱通内尝试转换不同基金公司的货基时，下面出现的小字提示是：“现在更换基金，2018年×月×日后产生收益”。这个“后”字疑似一种误导，因为无论是余额宝还是之前的理财通，平台上对于客户货基申购时的提示是确定性的表述：预计×月×日产生收益，并无这个“后”字。这么看来，痛点还是没有解决，即便可以，也应只是快速赎回的1万元以内的额度才可以，但零钱通并无明示。零钱通作为竞品最大的卖点，显然不能仅立足于文字游戏之上，这疑似是一种对于消费者的误导，也是对无暇或者根本搞不懂其中规则，也没有这个计算能力的客户的一种不尊重，也容易连累“友军”——货基管理人。众所周知，公募行业向来最为透明、受到的监管最严。

有数据显示，国人零钱规模高达1.7万亿元，其中高达87.4%的零钱没有发挥理财功能。根据估算，这部分1.5万亿元的闲置零钱收益损失，预计在年均近600亿元。这还是余额宝横空出世5年后的数据，这当然也与货基收益率不断下行有关，但也说明互联网货基平台尤其是头部平台仍然还有不小的发展空间，前提是合法合规。微信发力，公测上线零钱通，在优化用户体验的同时，试图进一步分食互联网货基市场份额的目的十分明显，并借此进一步强化微信支付对用户的黏性。但问题在于微信的零钱通，能不能有微信一样的优质移动互联网社交体验，能不能有张小龙一样的灵魂人物（当初余额宝在支付宝内面世时同样造就数位业内“大牛”，这几位“大牛”也一役成名）操持，能不能有超越当前同类竞品的新意，取决于对当下客户痛点的真正解决，仅靠模棱两可的文字宣导，显然不能服众。

对于整个社会层面来说，以货基当下超 8 万亿元的总规模，收益率的重要性已经排在流动性之后；对于互联网货基的个体客户来说，怎么用最安全，怎么用最方便，怎么用最符合自己习惯，应当是与收益率同时要考虑的问题，在一定总量的前提下，收益率之间的微小差距甚至可以忽略不计，其中还夹杂着一个货基七日年化收益率与万份收益之间的对比差异。因而，在新意上与我们期待尚有差距的零钱通，想要超车并不容易。

十

微信与银行互相“甩锅”，砸伤的却是用户

互联网平台与传统金融机构明争暗斗。2018 年 11 月 23 日，微信发布公告称自 12 月 18 日起，从微信零钱提现或转账到某股份制银行的银行卡，将收取 0.15% 服务费，其他银行服务费不变，仍为 0.1%。理由是迫于成本压力，因为该行快捷支付手续费比其他银行收费高。该行面对这一天外飞“锅”，反应神速，立即发布公告称自与财付通合作快捷支付业务以来，未向该机构及其客户收取任何提现或者转账手续费。微信这一收费规则的调整，完全是其单方商业行为，与该行无关。普通个人用户看到这里，可能一头雾水，当事银行既然说自己没收钱，难道微信敢打着银行收费的旗号私吞这笔手续费？

答案并非如此，以不举例说明。陆家嘴金融民工“陈总”到了午饭时间，轻车熟路地拐进了旁边的东昌路牛肉拉面馆，吃完用手机微信扫了扫老板贴在墙上的收款二维码之一（另外一张是支付宝二维码），两片薄肉，未加煎蛋，14 元从小陈绑定的银行卡内进入了老板的微信零钱包。注意，此刻小陈并未额外支付任何微信转账手续费。小陈回“工地”接着“搬砖”的同时，面馆老板开始惬意的午睡，但想到下午需要用现金和连支付宝 APP 都没有的肉贩老张结账，便从微信零钱里发起了 2000 元提现需求，选择提现到自己绑定的银行卡

时，发现手续费提示是3元。选其他银行则是2元。面馆老板最后选择提现到哪张卡不是行文至此关心的重点，重点是小陈微信里本来没钱，从银行卡内转14元到微信时，调用了快捷支付接口，微信没找小陈收费，该银行却会找微信收费。那么微信最后从提现的面馆老板那里找补了回来，倘若老板最终将这14元提现到银行卡里，也就是说该行后来“甩锅”公告的解释并没错，的确转账和提现没有收取费用，但微信用户从该行取钱的时候，调用了快捷支付接口，该行会就这一环节找微信收费这一点却没说，而且从微信的反应之激烈来看，该行这一环节上收费要高于其他银行。微信帮用户承担了这部分快捷支付通道费用，找其他机会找补回来也未尝就没道理。微信可能迫于自身游戏收入下滑压力，同时急需拓展新收入，包括之前信用卡还款收费在内，选择让用户承担成本也就不难理解。当然，倘若微信可以与强调“普惠”原则的支付宝一样，适当给予提现、还款一个免费额度，或者通过某项流量积分来相抵扣，普通客户可能更容易有一个阶梯感的接受，体验可能更佳。

但不论支付宝还是微信，大大小小的第三方支付平台，所负担的成本越来越高却是一个值得我们警醒的事实。虽然其中的有觉悟者，可以做到不以提升手续费来牟利，但手续费的成本转嫁却会增加用户压力，尤其是个人用户体验的重负。这一来自于银行端的手续费，并非其本意，但成本倒逼之下，只能向用户转嫁。同时由于这块收入范围广、风险小、风控成本低，互联网市场可能也会成为银行营收（术语是中间业务收入）的重要依赖之一，部分银行甚至有越来越高之势。这次微信与当事银行互相甩锅的起因就是后者中间业务的收费比例，已经走在了其他银行的前面。

但正如当事银行自己额外强调的那样，该行客户通过手机银行

APP、网银进行的个人账户本行、跨行转账均为免费。这点当前绝大部分银行均可以做到。那为什么不可以对来自互联网平台、第三方支付同样的业务需求做到同样免费呢？是否是对自己银行收付款的便捷程度、应用场景与APP的运行体验不够自信呢？让客户多多下载和打开你的APP，用户体验是唯一正途，靠单方面提升手续费来羁绊竞争者也是合作者，意在“赶”客户转回自己的APP，失之公允。支付机构最先被“坑”，最终不堪成本压力，普惠定位被伤害；而后受伤的是万千个体用户，此举收到的效果可能是反感，这与当前鼓励个体、民营小额经营者创业创新的氛围更是不符。

2018年11月初，央行副行长范一飞在第七届中国支付清算论坛上表示，对于下一步支付行业的发展，要正确处理银行和支付机构之间共同发展的关系。银行要发挥主导地位和全能作用，通过改革改出实效、赢得市场，特别要着眼于“开放银行”发展趋势，打造符合各行自身特点的开放发展生态模式。支付机构要立足自身特点，本着“小额、快捷、便民”的业务定位，深耕长尾市场，做精支付主业。显然“共同发展”“开放”这些主题词的深意值得本次当事人在甩锅之余静下心来领悟。

十一 银行与金融科技应该“骨肉相连”

对于大部分人来说，对传统银行与互联网的结合已经从了解到逐步熟悉与接受，并把享受其中的便利作为一种天然的附加服务。对于蚂蚁金服的余额宝等金融（数字）科技平台更是不陌生，但对于银行与这些新兴金融科技平台的合作，可能还只局限在两者联合发信用卡的认识之上，这种现象虽令人遗憾，但有它的合理性。毕竟对于普通个人来说，这是他们最容易接触到的连接点。不论银行与金融科技平台发行的是储蓄卡还是信用卡，金卡还是白金卡，除了可以简化办卡与开通的流程，用于消费、转账等日常功能外，余额自动签约互联网货币基金或者发卡行理财产品已经成为必杀技。放在四五年前，这必然是一个划时代的突破，反映的是银行肯“让利”储户的理念与技术层面的最终落地。但在今天，无论对于银行还是金融科技平台，显然是不够的，且易“沦落”为同质化的竞争。如何从一起发卡、卖产品这样简单的、“油水分离”皮毛式的流量合作，到如何让传统银行借金融科技平台的渠道去惠及更多人群，进行更深入的“骨肉相连”式的合作，目前看来，起码还有“心理关”与“技术关”两个关隘要过。

虽然国内银行的真实创新能力令不少人吃惊，很多大中型银行连对公业务都已经可以搬到手机上，这在以往很难想象。但对于数字科技也好，金融科技也罢，是否真心拥抱，仍需要看各行自身的“心理建设”，采取不同的行动。例如收入多元化的银行，对传统业务的依赖程度低，开展科技金融类业务的积极性较高（科技授信、流动资金贷款、知识产权质押贷款、夹层融资和投贷联动等），有利于吸收科技金融的经济溢出；注重成本控制的银行，会更积极地利用科技金融提供的便利服务（服务外包和移动服务终端等）来降低成本，有利于吸收科技金融的技术溢出。但也有决策层主动“老龄化”的银行，观念守旧、思维固化，对新技术的态度不积极，不利于吸收科技金融的技术溢出；再如垄断程度较高的银行，容易故步自封，转型升级的积极性低，不利于吸收科技金融的人才溢出和经济溢出。

早在手机银行、第三方支付、互联网金融（含 P2P 乱象）风行之初，大多银行已经意识到必须向互联网转型。但过往银行核心业务系统无论使用当时国内外何种软件，都存在一个很大的问题，即核心知识产权不在自己手里。最先攻克这一难题的仍然是内部拥有近 2 万名技术人员的阿里，自耗时 3 年彻底“去 IOE”（去掉 IBM 小型机、Oracle 数据库、EMC 存储设备，代之以自己在开源软件基础上开发的系统）后，蚂蚁金服提供了金融机构完全自主可控的技术平台，银行可以借助蚂蚁自主研发的平台，实现自己拥有独立知识产权的系统。蚂蚁金服随后以其自身发起的网商银行的小微金融业务试水，成功通过“310”模式（3 分钟申请、1 秒钟放贷、全过程 0 人工干预）来给淘宝天猫和线下二维码小商家放贷。内部理顺后，开放给银行也就顺理成章。随后，城商行当中的翘楚——南京银行就运用了阿里云底层虚拟化技术、蚂蚁金融云的分布式中间件和数据库技术，并基于这两朵云搭建了“鑫云 +”平台应用系统，包括互联网账户、网络贷款、线上理财销售、聚合支付等，满足线上业务大流量、高并发的特性，这不仅解决了南京银行科技转型的平台建设问题，提升了自己线上系统能力，还帮助解决了类似中小银行发展互联网业务遇到的技术瓶颈，补齐了技术限制、业务水平、风控能力、资金和人才投入等方面的现实短板。随后，更多的银行与科技金融平台参与到类似合作当中，更为可喜的是，一些地方的相关政府职能部门也与时俱进，通过与科技金融平台的合作，来进行“智慧城市”等项目的磨合。

经验告诉我们，开放与合作，最急不得，需要双方都准备好。同时，传统金融机构把自身出路单纯寄托于科技金融也并不现实。例如对于那些观念守旧、思维固化、依靠垄断故步自封、业务活动局限于当地、不重视业务创新、经营活动单一和不注重成本控制的银行，再发达的科技金融，也难以有效促进其全要素生产率的提高。因此，包括银行在内的金融机构，面对互联网变局来袭，真正的出路，在于将科技金融和自我转型真正融合，既非“叶公好龙”，也不能浅尝辄止。需要指出的是，这与从 2018 年起，监管层面所加强的“金融的归金融，科技的归科技”信号，并不矛盾，路径与边缘厘清之后，假以时日，金融科技将成为社会经济发展不可或缺的部分。

十二

科技赋能，移动支付激活三四线小微商家

据《人民日报》报道，2019年春节假期，复旦大学、南京大学、中国人民大学三所高校的30名00后本科生，搞了一场南北青年返乡小微调研，主要观察与感受三四线城市的小摊、小店、小厂的生存现状。小老板们“生意难做”的叹息背后，科技赋能究竟可以深达几许，国家扶持小微政策如何系统落地，决定了相关政策与数字经济双轮能否协调一致地转动起来。

毋庸置疑，移动支付是当前最先下沉到位，对三四线小微商家影响最大的金融科技。六七十岁的老人，也会强烈要求下个支付宝，往里面充点钱，付款页面快捷方式要单独拿出来，放在手机显眼的位置，既拉风也避免被店主和后面排队的人“歧视”，小孩更是对二维码充满痴迷般的好奇。“支付宝到账××元”的提示声此起彼伏，收钱码已经是小城、小镇里的小摊、小店做生意的标配。根据大学生们的调研，有90%以上的小微商家都用上了移动支付，而对于小微商家来说，移动支付除了免找零、防假钞，一天进账有详细记录外，还能得到“多收多贷”“多收多保（店主个人健康险）”之类的服务，这些服务很难让人拒绝。根据网商银行的数据，深夜是小微商家贷款的高峰期，此刻他们清点完生意，会根据个人经验，结合当天的销售情况和第二天的天气预报，来申请贷款。这一异常灵活的信用资金扶

持，对于小微商家无疑是大有裨益，既不用欠人情，也避免民间借贷的各种坑。

金融科技的意义显然不只在帮助快捷收钱，这只是小微商家数字化经营的开始。从二维码商业场景和数据衍生开来，三、四、五线城市的小微商家还需要享受经营分析、账务管理、理财、保险、贷款等多维的金融科技服务。此外，除了小微商家，小地方的市政、医院、图书馆等公共服务其实也可以借力金融科技。小地方除了满大街的房地产，满大街的餐馆，其他业态更需要借助数字经济手段积极向大城市靠拢，让民众免去奔波劳顿。

与几年前大多数年轻人都想到一二线城市寻找商业机会不一样，市县级，甚至乡镇级农村市场的数字化发展，正在慢慢吸引年轻人回乡创业。数字化技术无死角覆盖，可以壮大小微，先是城镇，农村也要跟上。三、四、五线城市乃至乡镇的网购、物流、移动支付正快速兴起和普及。同样，电商与实体经济的融合，已经从一二线城市下沉至“自然村”级别的区域。那么，当市县、乡镇的消费者需求以及购物渠道也已经多元化时，如果地方小微商户没有及时有效的应对措施，的确难以生存，这不是光勤劳就可以弥补的。譬如随着各大电商购物渠道的下沉，日用百货，甚至是柴米油盐酱醋茶等日需品，都可以通过网购途径送货上门，而居民对于地方小微商家的日常需求正止步于蔬菜、肉制品等应急类的生鲜食品。对于原有或者新创业的小微商家，有的有扎根本土发展电商的方向与志向，但不知从何切入具体的业务运作模式；有的好不容易摸索出路径，但又缺乏资金支持。以移动支付为开端的科技赋能，帮助他们跨越互联网经济的“门槛”显得格外重要。

十三

科技平台助力诚信成为社会气质

2019 年 6 月 6 日“信用日”，支付宝发起了一组街头实验：无人看管的货柜，按需借用，凭自觉归还。郑州、上海、成都、东莞等地 24 小时的统计结果令人意外：4 个地方按时归还率全部超过了 95%，其中郑州和东莞居然达到了 100%。要知道，4 年前杭州和北京类似的街头实验，两地综合守信率只在 62% 左右。

同样内容的街头实验，4 年后守信率大幅提升，细想其实并不令人意外。说明在刚刚过去的 4 年当中，发生了很多事情，或正面或反面地促进了人们更加意识到信用的可贵。2019 年年初有一则趣闻，十三届全国人大二次会议的答记者问环节，央行副行长陈雨露认可丈母娘找女婿先看征信报告的做法“靠谱”。至于免押金租用共享单车、共享充电宝、各类物品，甚至部分国家的旅游签证等，征信报告虽然用不上，但诸如芝麻个人信用分肯定越高越好。再比如二手物品交易，买家会首选与自己信用分相当的卖家来交易；个人房屋出租，房东也会先看一眼租客的信用分。凭借信用先筛一道，卖家买家都放心，此刻，信用约等值于财富。从这个角度去看，信用创造财富的时代已经到来。

虽然崇尚守诺、诚信是中华民族的传统美德，但是我们说诚信说了太久，制约的范式却一直不多。这很容易让老实人吃亏，让不守规则的人占便宜。尤其是对于不诚信的人或者商家，倘若仅把诚信置于道德的层面，没有制度化和法治化的行动，最终会让劣币驱逐良币，真正缺失的是整个社会体制层面的诚信。以共享经济的各类押金为例，本是被用来防止用户“失信”收取的费用，却因为商家“失信”而成为用户无法追回的损失，就颇令人无语。单个客户因法律维权成本太高，只能束手无策，这里还没有考虑用户的精力损失。传统租房市场多年来纠纷不断的“大坑”则更令当事人愤懑，衍生出很多不法分子、黑中介在“付一押三”这个环节上设局行骗，专坑房客。多年存在的痛点被攻克，视诚信为无物的个人或者商家的死穴被点，科技平台无疑居功至伟，仅芝麻信用的免押金规模已经覆盖 38 个行业，累计金额 1000 亿元。

其实，之前的商家与客户，并非未曾考虑到这一层，互相提防仍然难免各种麻烦，主要还是此前未有芝麻信用等外部第三方科技或数据平台可以借力。支付宝的起家，就是因为其担保交易解决了电子商务最根本的问题：信任。让国人开始接受两个陌生人在不同的时间和空间内完成交易，从而开启了电子商务的狂飙突进。类似这种平台越多，我们对于信用的维护就更自觉，信用带来的财富就更多，不守信受到的掣肘也就越多。简而言之，数字科技以诚信的方式倡导诚信，才会有真实普遍的社会诚信，这是一种个人与社会气质上的改变。

更为重要的是，大数据、人工智能等新技术结合，除了提升信息的丰富度和利用效率，还使得信用盲区不断缩小，从而加速推进普惠金融的实现。要知道普惠金融的受众面极为庞大，包括小企业、微企业、个体户、中低收入城镇人口以及三农人群等，加起来约有 7.5 亿人，但这些人群的信用记录，之前却一直是缺失的，哪怕其中的当事人希望自己的良好信用记录能够被第三方收录，也鲜有机构、人力与财力可以覆盖这项工作，直到支付宝等科技平台的出现。毕竟，普惠金融产品一般授信额度很小，利率又没法定得太高。只有靠科技的力量，才有可能同时触达并服务到如此庞大的人群，并可以细化到给不同人群匹配不同价格。

以小微企业贷款为例，近年来以微商银行为代表的十余家悄然开业的民营银行，业务定位多聚焦于小微企业、“三农”和科创企业等金融需求。“路边摊”“个体户”等小微商家只要有需求，可以在支付宝等平台上发起无抵押、无担保的纯信用贷款，1 秒钟就可以到账，让成千上万小商家得到了人生中第一笔“借钱不欠人情债”的信用贷款。同样不想欠人情债的城市白领，急用钱时，也不再需要耗时准备一堆纸质资料来预约银行柜台时间，走完流程再等结果。而是直接扫描二维码，立马出额度，用 VR 真人识别激活后当天可用。这些难以置信的改变，是数字科技出场十余年后，积累出的全新的解决方案。凭借以往传统的静态、事后的信用数据，是无法实现的。目前，各大科技平台正在乘胜追击，朝以传统的“熟人”信用文化为主导的农村信用环境拓展，农村信用体系由于地域分布更广，信息采集成本更高，农民及其专业合作社在信贷市场中面临的信息不对称问题较城市小微企业更为突出。想在支持“三农”发展上有所建树，获得双赢，科技“利器”无疑是提升服务效率的不二之选。

就连容易被等同于数字币，被视为不靠谱的区块链，也可以为数字科技所用。目前上海、杭州等 7 个城市的居民坐地铁，只需要一个 APP，就能在 7 个城市一码通用，扫码过闸机。不同城市之间的地铁票务结算实时完成，背后就是区块链记载了用户所有跨城交易且不可篡改。此外，区块链技术还可以实现公益善款、奶粉、大米等全程溯源，区块链电子发票与上线区块链技术的法院（杭州互联网法院）也已经开始为人所知。

马云说，中国不缺金融机构，但是缺乏一个让信用等于财富的信用体系。其创立支付宝的初衷是要证明信用的存在，并且让信用带来财富。从过去15年的社会相关进步来看，支付宝等数字科技平台助推了这一点，它们让中国的信用体系触及广泛社会个体这一最微小的“颗粒”，凭借信用可以走天下的“信用自信”与信用机制逐步形成。诚信值钱，更是助力了整个社会气质的改观。

十四

大数据时代的金融信息保护需注重实效

大数据时代，每天平均接两个以上问你要不要贷款、要不要装修的骚扰电话，收到两条股票即将拉升的垃圾短信，可能是大部分人的常态。人们从一开始的震怒，想追查个人信息究竟何时、何处被泄露，到“认栽”直接挂机，连火都懒得发，已成常态。虽然有各种 APP 号称可以拦截垃圾信息，但仍然防不胜防。这说明大数据带来便利的同时，我们不得不面对信息被非法秘密收集、二次“贩卖”等新问题，尤其是极为珍贵的金融信息，消费者在使用时，一般都会毫无话语权地暴露给了金融机构、关联方及其他第三方，这些信息如何使用及留痕则完全脱离了金融消费者的掌控，可谓“听天由命”。相较于传统隐私权下对秘密及安宁的诉求，金融信息保护此刻显得更为迫切和强烈。

除了泄露存量信息，在客户不知情的情况下，其他信息被主动收集，则显得更为可怕与匪夷所思。2019 年 2 月 16 日，京东金融 APP 就曝出了一度登上微博热搜的相关负面新闻，其在手机后台运行期间，自动“窃取”用户照片、截屏等隐私。虽然京东金融立刻做出了紧急声明强调该功能属技术失误，表示并未对这些隐私进行上传，向用户致歉并立刻下线相关功能。但也不得不承认，这一低级失误让用户和行业产生担忧，有损用户信赖，其自身“比谁都觉得不值得，非常懊恼、非常痛心、非常自责”。京东金融这一自责并非夸张，要知道随着无现金移动支付的普及与推动，不少人刚刚好不容易建立起来的对线上平台的信任感，很可能就被金融信息平台已曝或者未曝出的类似问题吓飞。

诚然，大数据既然可以给人类生活带来多方面的便利，但是数据融合造成的隐私权衰落也是必然，从一定角度看，当前如果还拘泥于隐私权，会影响信息的流转和利用价值。但金融信息不同于一般信息，往往更为核心与敏感，涉及消费者个人全部的金融信息，如住址、联系方式、从事行业、婚姻状况、信用卡交易记录、信用信息、投资偏好，等等。别有用心之人通过对消费者交易信息的收集、整理和分析后，从中推理出他们的职业、消费习惯、朋友圈等蕴含着极高商业价值的信息，进而根据该消费者专属性来量身定做骗局。可见，平台对于用户个人信息的保护意愿及技巧尤为重要，决定了用户对平台的信任，而信任是影响用户使用意愿的强有力因素。大量的研究已经证实，互联网口碑比大众媒介广告对消费者的购买决策更具影响力。尤其是社交金融依托社交网络，更应该注重网络口碑的营销策略，树立良好的企业形象进而建立用户的信任。

应当说，目前已经没有人怀疑大数据所带来的价值。除了传统行业，大数据正广泛应用于医疗、交通、公共服务、金融等行业。其中，金融大数据无疑是重头戏。特别在前两年互联网金融盛行的大背景下，金融业正在借助大数据加快自身业务创新，推进精准营销、助力普惠金融。这些数据信息，往往同时会具备流转价值和安全价值。强调信息流转忽视信息安全，强调信息安全而放弃信息流转，均不公允，而是应当兼顾两个价值之间的平衡。大数据背景下传统隐私概念的衰落，并不意味着以金融消费者为代表的数据主体不再对自身的信息享有任何权利。金融消费者作为信息权的最终控制人，其合法权益必须得到保护，信息保护与大数据开发利用之间难免有冲突，但被违法获取与使用的“外辱”则必须可防御。

除了银行等强势金融机构，对于各级政府等公权力来说，公民信息中的金融信息无疑也是最为重要的数据信息之一。在现阶段大数据时代，若各平台没有给予个人金融信息应有的保护与关注，则容易被别有用心者攫取与滥用、传输与转让，黑客行为一直以来都是金融信息与民众财产安全的重大威胁。应当说，目前大部分平台对于金融信息保护的技术均已具备，且已经达标。同时，虽然金融消费者是信息权利主体，但对个人信息的控制却最弱，各国都处于一个循序渐进、按部就班的过程。有理由相信，在相关法律法规的配合下，金融消费者信息权的法律保护将得到进一步优化和完善。

大数据时代更多展现的是信息交流、利用及共享。但为了平衡信息，尤其是金融信息保护与开发利用之间的冲突，建立信息权保护基本法律框架，明确金融信息保护价值理念，作为信息主体的消费者享有完整的信息权，不管正规金融机构还是其他服务商，只有在消费者授权下才能使用其信息。现阶段法律的着眼点应当集中于最后的“信息利用”环节，采用结果导向型保护模式以增强金融信息保护的实效性，同时履行金融机构的保密义务，乃是现有大数据背景下改变金融信息保护现状失衡之必需。

十五

金融科技巨头值得传统资管机构学习

虽然遭遇了最严的监管，但货币基金依然成为2018年上半年公募基金规模增长的最主要来源。整个货基市场的“焦点”——余额宝开放效果初显，在平台接入更多货基之后，虽然“老宝宝”天弘增利宝货基的规模下降超过2000亿份，但新增接入的5只其他基金公司的货币基金规模大幅增长近4000亿份。其中最早登陆的博时基金与中欧基金，短短两个月就分别大增1436亿元和636亿元。这绝对是一个令业内从艳羡到沉默的成绩，等于两个月就再造了若干家中大型基金公司，要知道公募基金业发展20年来，近千亿的数量级仍然是绝大多数基金公司难以实现的夙愿。

但“得余额宝者得天下”并非一蹴而就。一句话来概括派生于支付宝的余额宝，就是当钱从支付宝这一平台转到余额宝里的这一刻，就不再是钱，而是被转换为某只货基，其年化收益率约为银行活期利息的十倍左右。而同样收益率和风险匹配度的银行理财产品，5万元起步、封闭若干时间段是行规，余额宝则1元就能“发车”，想下就下。辅以余额宝提现迅速，份额还可以用于购物或者还信用卡等功能，长尾效应明显，“宝宝军团”火遍大江南北，助力货基牢牢占据整个公募半壁江山。

支付宝的出现，解决了买卖双方互不信任这一最大的问题。淘宝得以振臂一呼，电商群雄并起，消灭了不少实体店。同样，余额宝的出现，解决了客户，尤其是相对缺乏金融素养、钱不多但也想保值增值的客户的理财需求。让他们自己去买货基，一是不懂，二是不信，既懂又信的客户往往却又怯于基金开户、申赎等纷繁复杂的手续。基于对支付宝的信任，客户从而相信余额宝，从而实质上与货基结缘。那种认为余额宝引发银行储蓄搬家的观点，显然失于浅薄，没有余额宝，也会有别的产品来契合客户的低风险理财刚性需求。而这一产品由货基来担纲的可能性最大，出现在支付宝平台上的产品成功的可能性也最大。

虽有对单只货基流动性风险的考量，但余额宝平台对其他家基金产品盛情相邀，已属战略层面的大格局，可谓蚂蚁金服转型金融科技平台言行一致的举措。长远来看，这是一个影响整个金融行业生态的大事件。经历过“3Q大战”（360卫士与QQ）洗礼，微信平台接口从一开始就对外界开放，方有今日微信成为国民移动互联网即时通信工具的大格局。余额宝的额度虽然收窄，但是蚂蚁金服此举拓宽了整个行业的宽度与深度。并且这似乎只是一个开始，在蚂蚁的带头下，腾讯、京东、百度等几大金融科技巨头均已与银行等传统金融机构，在金融科技、普惠金融、绿色金融、新零售等领域展开全方位合作。表明这些金融科技平台开放与合作的步伐，走得越来越坚定和彻底，并得到了传统金融列强的积极回应。

并且，互联网时代每个人处处留痕、频率很高的网络交易和行为数据输出的“信用画像”，信息的网络化和透明化有效化解了传统金融中无抵押物、无担保人群的信用信息收集和构建难题。而这些产品、能力和技术等，多为蚂蚁金服等金融科技平台的发家本领，现在也已拿出来与传统金融机构共享，这种视野，无疑正成为蚂蚁金服等金融科技公司未来成长的长期驱动力。

此外，蚂蚁金服等金融科技平台利用当前大行其道的AI（人工智能）技术，将之与公募基金等传统资管行业“正规军”的服务能力、投教能力结合，让个性化的“私人理财服务”走向大众化、平民化，帮助金融素养欠缺的客户，尤其是中老年客户远离伪理财渠道，增强防范风险意识。值得一提的是，蚂蚁财富号的开放和AI能力在助力非货基方向的效果开始显现，这点在一段时间以来的“股债双杀”弱市之下，尤为难能可贵。博时基金2018年二季度黄金ETF规模翻倍，主因正来自蚂蚁财富号的AI技术支持。经量化，AI已经让蚂蚁财富号的效率提升70%，让合作伙伴的综合成本下降50%，并且这一技术已升级并完全向资管生态伙伴开放。

类似货基等产品与服务所呈现出的低风险、广覆盖、易获得等共性特征，既是对金融本质特征和核心诉求的很好反映和诠释，也符合当前我国大多数普通金融客群的实际需求。产品有了，技术有了，信任就上升为关键，过往、现在与将来的“陪伴”式布局也是关键，过往包括公募基金在内的主要资管机构发展的20年中，做了哪些？将客户，尤其是中小客户置于何种地位？“普惠”与“陪伴”，是挂在嘴上还是行胜于言？画地为牢、故步自封，还是开放包容、兼收并蓄？对上述问题的解决方法，过往电商、如今的金融科技巨头都值得传统资管机构去学习和深思。

Chapter 3
第三章

互联网金融投资环境嬗变，雾里看花不可取

当下，投资理财已成热词。当手里的资金多了，钱包鼓了，人们无不希望砸出去的钱能打着滚的往上增值。可问题是，投资者教育做了多年，面对当前的互金投资环境，监管新政读不懂，政策变化拿不准，行业走向看不清，终是雾里看花隔一层，又遑论投资高手?

一

P2P 大潮退去，谁是裸泳者

前些年红极一时的 P2P 大部分即将退出历史舞台，只是方式颇令人不安。继之前上海快鹿、中晋、南京钱宝等影响较大的平台爆雷之后，善林、唐小僧、意隆、联璧金融沪上 P2P 四大金刚 2018 年均已炸窝，四家资金规模合计 2000 亿元。而杭州警方紧急查办的牛板金等平台，两天爆雷 500 亿元，其他各地不一而足。更为要紧的是，随着宏观经济去杠杆下的严峻大势、互联网金融行业的监管收紧、备案延期，各平台难以有新钱入账以借新还旧，投资人开始恐慌，用户信心全面崩溃，这让少数朝规范运作转型中的 P2P 平台也无喘息机会，一样可能面临挤兑。P2P 大潮正在退去，裸泳者心绪复杂。

多个 P2P 平台以高大上的形象开始，最终归于一地鸡毛，也算殊途同归。其中不乏有认真按照 P2P 的本意，即个人对个人、点对点，将小额资金聚集起来借贷给有资金需求人群这种民间小额借贷模式的平台。但是限于创始人、从业者素质或股东方的泥沙俱下，囿于与正规金融机构判若云泥的风控措施，更多的 P2P 平台虚构借款标的以自融、叠加超高额利息从而最终落入庞氏骗局。甚至不少平台涉嫌新型传销骗局，将“45 天投资翻倍，一年可获十倍收益”的标语打在官网首页，令人惊愕与不齿。

有什么样的平台，就有什么样的投资者，但仅归结于客户自身贪婪或傻，显失公平。要求从未接触过银行以外的任何金融机构、知识构成中缺失经济学常识的客户，能够一眼看出其不合理之处，未免过于苛刻。他们犯错就和我们大多数人在家里面对短路的电器一筹莫展一样正常。这些以基金、资本、投资、咨询、财富冠名的各类 P2P 公司给具备一定投资实力，但又没有相应金融知识储备的人士，尤其是中老年群体，带来了巨大的潜在威胁。以之前的快鹿为例，其从业者递出来的名片是快鹿集团某某路支行行长，特意往银行上靠，可谓靠地相当“精彩”。

2018 年国务院大督查，严厉打击非法集资与金融诈骗是重中之重，应当说，以当前百姓的理财知识储备与理财特点喜好，严格的监管是非常必要的。身处上海、杭州等大都市的客户接二连三地上当，其他城市的客户处境更是可想而知。特别是很多中老年客户受骗后，晚年幸福毁于一旦，给社会平添不安定因素。以上海为例，在《进一步做好防范和处置非法集资工作的实施意见》颁布后，上海投资类公司已经全部暂停注册办理。该意见明确“谁引进，谁负责”的招商原则，让之前喜欢在陆家嘴高楼里守株待兔的不法 P2P 平台难以立足，可谓捏到了源头防控的七寸。

那么，P2P平台究竟还有无存在的必要？这可能是一个需要前提前置的问题。监管信息共享与协调机制的建立；统一准入门槛与设立条件，以及规则等指标；日常非现场监管与现场检查，跟踪产品兑付；建立黑白名单，定期警示或公示皆为前提，这些前提不明，P2P就无生存的土壤。此外还有一个长远工作，那便是投资者教育的普及。与其事后同情或指责“花样”维权的P2P客户，不如事先做好投资者教育。投资者教育是基础工作，社会理财认知大面积提升，才不会那么容易上当。客户正因为不具备基本金融知识，才容易被鱼龙混杂的P2P所坑。其实，在一个无序、骗局多发的市场，投资者教育特别重要，从而也极易赢得客户信任，最终赢得市场份额。

二

不妨借助智能风控，把好 P2P 准入关

2018 年 7 月以来，P2P 领域天雷滚滚，异常平台已经开始有戏剧化发展倾向，如此前永利宝平台自行向用户推送老板跑路短信，建议投资者报警维权。更为要紧的是，随着宏观经济去杠杆下的严峻大势，互联网金融行业的监管收紧，备案延期，有“资金池”嫌疑的平台难以借新还旧，投资人恐慌开始蔓延，用户信心全面崩溃。焦灼的投资者之外，那些与这些平台有真实借款业务的债务人可能也心绪莫名复杂。在已倒闭的平台债务人当中，部分个人与企业表现出较低的偿债意愿，特别是有偿还能力的债务人仍采取种种措施恶意逃废债务，这无疑会对市场产生比平台倒闭本身更为恶劣的连环影响。因而，中国互联网金融协会随后呼吁相关部门应进一步加大打击恶意逃废债等趁火打劫行为，维护规范合同的存续效力。

一码归一码，投资者追偿的本金与利息有着落，债务终究要有人来还。仍在存续的债务只要合法合规，逃废债既违法，也有违公序良俗。此外，对于维持正常运营中的合规 P2P 平台的投资者来说，若其投资的是没有“债权转让”或者“提前赎回”条款的产品，此刻跟风挤兑也难言理智，因为即便是银行类正规金融机构，也难以招架这种风险。这也是互金行业协会“提示金融消费者应遵循契约精神，依法履约，避免因发生失信行为而引发法律风险”的话外之音。

因而，直面P2P爆雷后遗症，尽最大可能保障投资人合法利益，已成当前要务。如P2P平台已无能力正常经营，严重影响贷款人、借款人的利益，地方监管机构或者行业协会可以对该平台实行接管，在追查其违法、犯罪行为的同时，尽力追回待还资金，减少投资人损失。P2P平台暂停、终止业务时应当提前一定时间通过官方网站等向投融资双方公告信息或者直接通知投融资人，同时帮助投融资人确定借款关系及相关担保关系，不得因为网站关闭致使投融资人的电子合同消失，不得因为P2P平台暂停、终止运营致使担保物灭失等。

此外，互联网金融整治多年仍频频爆雷，一个很重要的原因就是之前的归属监管部门——地方金融办，监管手段捉襟见肘，很多省份的金融办还处于“小米加步枪”的阶段，无法应对眼花缭乱、发展一日千里的P2P发展形势，监管科技的重要性呼之欲出。而对这方面风险的尽职调查，支付宝等金融科技巨头显然更具深度和广度。早在2012年下半年，支付宝就陆续终止了与P2P网贷平台的业务合作，翻开支付宝数百万家线上合作商户目录，没有一家P2P平台得以接入。

所谓成也萧何败也萧何，P2P得势与风险迅速蔓延都拜互联网所赐，并呈现高隐蔽、跨地域和扩散快等特点。既然金融领域的互联网，尤其是移动互联网+的发展趋势势不可挡，因此地方金融监管互联网化的管理方法也必须及时跟上。传统监管手段显然已不能抵御冲击，不妨借鉴智能风控“外脑”，在P2P平台准入环节就把好风险关；提早感知风险，让异常P2P平台点状风险不扩散，方能尽职尽责保护好金融消费者合法权益，更好地促进普惠金融和新经济的发展。

三
基金行业应把赢得尊重放在首位

几年前，某知名私募因为在总体亏损情况下，采用高峰时期的净值不变，缩减份额的方法来提取业绩报酬，一时间，舆论哗然。业内外对于此事的评议虽各不相同，但以追求绝对收益为“安身立命”之本的私募，况且还是一家志在“扬名立万”的新锐私募（其领军人物是之前有一定美誉度的公募基金经理），爆出这类敏感话题，还是令人吃惊。难道知名公募基金经理在奔私之后，才发觉以往看起来易如反掌的私募饭，真要一口一口吃起来并不那么容易？加上牛市急坠后的酷寒，已经快要沦落到“杀鸡取卵”的地步？虽有声音开始提醒投资者在投资由公募基金经理转投建立的阳光私募基金时，应当仔细甄别基金经理的个人背景与素质。显然，这不只是投资者个人的事情。

其实，参考私募基金最为发达的美国及我国香港和台湾地区，以下几点值得借鉴：一是对投资者准入资格的多维度限定，我国目前还没有健全的个人信用制度，仅凭资金额，又难以穿透个人收入的多层背景。二是私募信息披露虽然不如公募严格，但并非没有，而且鼓励透明。三是收益分配、风险共担机制。以美国为例，私募基金管理人一般要持有基金5%或更多的股份，在达到其持有额之前的亏损须由管理人承担。

这当然也并非我们关注的全部，我们感受更多的是在这个行业，无论私募或者公募管理人，还是客户自身，在某些发展节点上的迷茫。

众所周知，无论是公募基金还是阳光私募基金，本质上是集合投资者的资金为其谋取投资回报，因此回报投资者应当是基金经营的首要原则。在为投资者挣钱的同时，为自己谋取一个合理范围内的报酬，是当前大多数私募与少数创新型的公募产品正在做的事情。显然，这里有一个前提，就是要先替委托人盈利。倘若客户不盈利乃至亏损，作为管理人也照样有不菲的管理费收入，这可能并不违反基金合同，但与市场认知不符，更是置客户需求于不顾的“一锤子买卖”。而采用业绩报酬的阳光私募或者少数创新公募产品，现在看来，也许并非我们想象的那般美好。倘若管理人动了将逐利置于替客户盈利之先的念头，其有意无意在产品计提频率、封闭周期等规则上面稍加设计，普通投资者也无能为力。并且在问题充分显露之前，外界乃至监管层均难以察觉此种道德风险。

从产权的角度看，出资的客户才是资金的所有者，基金经理在投资过程中仅拥有资金的使用权，二者之间是典型的委托代理关系。因而基金投资人与基金经理的利益诉求存在一定的差异。相对来说，公募基金由于其运作特点，在市场中已形成基金公司、监管层、新闻媒体、投资者等利益相关方共同监督基金经理投资行为的监管模式，可能是目前最为透明的一个金融业态。与公募基金相比，阳光私募基金的信息披露面更为狭窄，但有效适度的信息披露才最有利于保护投资者的利益。在运作过程中只有委托人能对基金经理的行为起到一定的监督作用，道德风险更大，因此阳光私募基金通常需要借助信托公司发行、有托管资质的正规金融机构托管，在基金发行中基金经理以个人资产认购部分份额、强化基金业绩激励等方式来降低管理机构的道德风险。但是，就目前来看，这些辅助手段所能树立的公信力十分有限。

至于多采取固定比例提取管理费的公募基金，也是有着自己的“委屈”。相关法律法规对公募股票型基金在投资标的、仓位水平、持仓比例等方面设置了诸多限制，公募基金经理在多重限制和监管下难以灵活投资，不能充分参与市场竞争，这是其总体投资业绩及择时能力都差于阳光私募基金的一个重要原因。因此一直有声音呼吁监管重点应放在经营合规性上，而放开对公募基金的政策性限制，如降低最低仓位限制、适当扩大金融衍生品的投资上限等，使其能选择更为灵活、多样的投资策略。2015 年股灾前大行其道的分级基金，仿造私募业绩报酬的浮动管理费率等公募产品，皆为这种理念下的有益尝试，无奈收效不尽如人意，使得目前这两类产品审批基本搁置。

从收益目标的角度看，客户希望在控制风险的前提下获得尽可能高的投资收益。理论上，激励机制的合理设计能够使基金经理在业绩表现、努力程度、投资风格等方面更加符合委托人的利益。固定收入＋业绩提成的激励方式设计，相比按基金规模的固定比例“旱涝保收”提取管理费，无疑具有更强激励度，让产品管理人表现出更大的灵活性。但倘若演变成牛市里“及时”提取业绩报酬，亏损时概不负责，高峰时提取的管理费并不用来弥补亏损，无疑令人惊诧和愤懑。这比起按规模提取管理费，非但没有进步，而且不值得尊敬。

我国基金行业发展至今，时间尚短，对其有缺点不是不能接受和容忍。如何吸取教训加以改进，如何继续完善公募、私募内部管理机制，必要时区分公、私募专门立法，完善合格投资人制度，建立专业、高效、受尊重的基金投研队伍，不再被一些本应当避免的诟病影响到整个行业生态，显然更值得关切。

四

段子横飞，A股生态悄然嬗变

尽管有小幅反弹，但截至2018年9月19日，上证综指2018年以来跌幅已达17.43%。超八成私募产品2018年前8个月的投资业绩是亏损的。特别值得注意的是，不少中小投资者心目中的“股神”——大型私募首次出现全面亏损的局面。数据显示，北上广深满足管理规模超过50亿元或管理规模30亿元以上且机构成立满5年的股票私募展示产品业绩的共有38家，截至2018年8月底，2018年以来这38家私募的业绩已经全部由正转负，其中23家私募亏损超过10%。

股市持续低迷和债务危机笼罩市场之际，仓位相对没有私募灵活的公募基金也一改上年还能挣钱的局面，募集失败扎堆出现。媒体统计，截至2018年9月10日，共有18只新基金募集失败。据悉，公募基金发展20年迄今仅有23只新基金发生过募集失败的情况，其中5只出现在2017年下半年，实为罕见。屋漏偏逢连夜雨，债券市场也不容乐观。据统计，截至2018年7月13日，债券市场共有67个主体发行的132只债券发生了违约（仅为银行间、交易所交易的债券），涉及违约的债券余额规模达993亿元，集中违约现象突出，可谓股债“双杀”。

因而大半年来，股民们似乎热衷比惨，每当股市暴跌，市场更容易产生股市段子。这是因为股市暴涨时，大家都忙着数钱；只有暴跌时，大家才能组团吐槽，寻求心理安慰。但股市段子又不仅仅是投资者即时性的情绪宣泄，A 股生态链相关的每一环，在看完段子会心一笑之余，也要思考其中的人心变化。

市场的生态培育不易，这其中不仅包括对上市公司，也包括对市场氛围、制度建设、股市文化、投资者情绪和预期的管理。一定程度上说，对监管者而言，后者的意义更甚于前者。与乐视一样，迄今，很多上市公司也不幸成为段子中的主角。两大交易所持续发出的关注函，除了发挥一线监管职能，维护市场秩序，保护投资者权益之外，也是对市场舆情的积极回应，算得上对投资者惶惑不安心灵的抚慰。

牛市的时候，看多的观点总是显得特别睿智；熊市的时候，悲观的观点总会显得特别深邃。弱市没行情，倒是正好有暇顾及其他。一是 IPO“堰塞湖”已从最高峰时约 900 家降至 200 余家，逐渐“见底”，殊为不易；二是退市正从“虚设”成为威慑，A 股已有 1 元以下的仙股出现。2018 年 7 月 27 日，中国证券监督管理委员会出台《关于修改〈关于改革完善并严格实施上市公司退市制度的若干意见〉的决定》，A 股主营食品、药品等直接、无差别影响人身健康与安全的上市公司必须更为谨慎，对于其他类型的上市公司，以及机构、个人投资者自身，都是一个及时的警醒。虽然 2018 年 A 股市场表现不佳，但制度建设方面一直持续进行，因而辩证来看，在段子横飞的环境中，A 股市场生态悄然嬗变。

五 “银发”理财族接触正规金融机构的渠道太有限

相比养儿养女和涂防晒霜防老，2018 年 8 月已经获批并成功发行的养老基金显然鲜为人知，与 2019 年大热的科创板基金相比更是泯然于众人。牛来熊往，那些紧盯动辄数百亿元首发热门基金等待比例配售的投资者，其中有不少以挣点养老钱为目的的“银发一族”。也只有他们，才能经常在买菜之余，有空拐进银行分支行网点，听柜台的理财经理小王来解释为什么买的基金表现不如他当初分析的那么好，若叔叔阿姨的反应不那么激烈，小王还可能会建议止损，长痛不如短痛，再搭点手续费赎回，换一只最近新发的热门基金。若基金走势尚可，小王也可能会提出应该止盈，哪怕叔叔阿姨手里的基金只挣了三五个百分点。

小王们没有和叔叔阿姨们强调的是，不管换的这只基金亏或赚，认购费、赎回费等手续费，银行又可以再收一遍。毕竟相比基金业绩，小王更关心自己的业绩，也是人之常情。

惦记老年人钱袋子的人不少，与那些明目张胆搞庞氏骗局的山寨金融机构、所谓理财公司相比，“正规军”小王的做法肯定合法合规，但是否合情合理则不敢断言。白天有意无意的忽悠，辜负客户的信任，小王也可能会在半夜醒来一声长叹。《夺命金》里港资银行客户经理下班后也不走，加班打理财产品的推销电话，打一个划掉一行。

众所周知，前几年，以基金、资本、投资、咨询、财富冠名的各类山寨金融公司，借助互联网外衣，给具备一定投资实力，但又没有相应金融知识储备的投资者，尤其是交水电煤费还得去邮局、银行的代收柜台排队的老年客户群体，带来了巨大损失。身处北上深杭等一二线大都市，见多识广的客户都接二连三的上当，遑论小地方的客户。但理财投资与一般衣食住行的消费不同，事关当事人生活质量，乃至家庭关系的存亡。冷冰冰的受损数字堆砌，让老年客户几无“翻身”可能。当事人的生理与心理均易遭受重大打击，晚年幸福毁于一旦，给社会平添不安定因素。

有什么样的平台，按理就有什么样的受众。但仅归结于客户自身贪婪或傻，显失公平。顶级地标写字楼、明星代言、知名电视节目冠名，当学历可疑、素质堪忧，喜欢自称“做金融”的业务员，以小利引诱，层层设套，着实让老实了一辈子的“银发”客户难以招架。即便一开始非常谨慎，但难免“晚节不保”。因为这类公司善于躲避原一行三会（即央行、银监会、保监会和证监会简称）多年来的监管沉淀，打地方政府金融部门的擦边球，用保理、租赁、小贷等相对容易获得的类金融牌照，用极小部分的真实业务来掩盖绝大部分的庞氏骗局，直至完全失控，高管投案。

亡羊补牢，犹未为晚。在监管动真格后，这些骗子公司已经被收拾得比较到位，这点可以从楼下信箱再没人塞“听理财讲座送鸡蛋”的广告可以得知，以往信箱里一天要被塞进十几张不重样的单页，收益率一个比一个浮夸。与此同时，审视当前“银发”客户的理财知识储备与理财特点喜好，前者哪怕没什么改变，但后者已应有所质变，吃一堑长一智，知道将风险置于收益率之前。

但是相比骗子公司渠道“下沉”之深，对“银发”客户用力之猛。老年投资者迄今接触银行之外的正规金融机构的渠道有限，即便是传统银行代销渠道，其精力也有限。以大多集中在一线城市的公募基金为例，老牌公募华夏、汇添富等基金公司深耕线下近十载，门店开到了机场，但存在的意义可能还是只在于品牌宣传。不排除现在或者将来，正规军可以依靠金融科技手段来“布道”，但这种方式，对于“银发”客户群体的学习能力来说，又将是一个不小的挑战。

Chapter 4
第四章

各有各的套路，
银行保险债券投资考

这边资管新规出台，那边“微贷”兴起；“飞单”频出，银行理财纠纷不断。左是一个坑，右是一个崖，为拉拢顾客，银行、保险、债券纷纷使出浑身解数。消费者置身其中，如坠云里雾里，没有一双“慧眼”怎能看清？别急，尽管到处都是套路满满，但只要读懂了规则，摸清了套路，你便能免遭被“套”的危险。

一

银行资管子公司挖得动基金经理吗

资管新规出台半年后，银保监会、证监会于2018年10月又分别发布了银行理财、证券期货经营机构私募资管业务等配套细则，整个资管生态实质上已经重塑。过往多层嵌套、杠杆不清、套利严重、投机频繁的混业经营乱象，随着各项新规落地，生存空间已经被压缩殆尽。各资管机构的展业空间与范围集中指向一个方向，那便是其自身专业能力、主动管理能力和在合规前提下的创新能力。通道业务朝主动管理业务或主动或被迫转向，走上回归本源之路。

资管新规鼓励各类型资管机构推出净值化产品，打破刚性兑付。引人注目的是银行将可以设立独立资管子公司，发行净值型资管产品。以往银行虽然可以依靠牌照优势“躺着挣钱”，但大多数理财产品给出的是一个固定的预期收益率，而非净值化管理，“刚兑”意味明显，隐含局部乃至系统性风险。新规使得银行布局净值型产品的主动管理意愿“被动”上升。第一批十余家银行资管子公司已经申报，落地只是时间问题。但对于银行来说，这里有一个产品线上的适应过程，归根结底还是人才的问题。因而近来不少银行兵马未动粮草先行，纷纷挖角公募人才尤其是基金经理。

公募基金20年来一直都在做净值型产品，且从一开始就不存在刚性兑付的概念，这一概念也早已被机构与普通基民所接受。更为重要的是，公募基金的体系设计、法律构架方面立足点较高，其人才优势、制度优势、平台优势、长期业绩、以价值投资为核心的投资理念等，也通过20年来的发展，赢得了社会肯定。宏观来看，公募基金经过长期的规范运作，证明了自身在投资管理方面的优势，并树立了自己在资管领域不可忽视的“江湖”地位，具有一定先发优势。

可惜从渠道、资金、客户等几个方面比较，大部分公募基金在银行资管子公司面前劣势明显。老百姓走进银行的那一刻起，对银行的信任便不言而喻，银行首推自然也是自己资管子公司的产品。一些风险等级与收益率差别不会太大的产品，肯定是银行资管子公司“近水楼台先得月”。因而，公募基金将可能面临有史以来第一次真正意义上的冲击，毕竟对于个人客户来说，对银行的信任强于公募，遑论很多投资者连区分公募与社会上泥沙俱下、鱼龙混杂的各类“基金”都有困难。

公募基金的出路只能从产品类型和投资标的的差异化竞争上去找寻，尤其在股票型基金产品等权益类的资源禀赋上。银行大多受限于风险偏好，股票等权益投资并未能放开手脚，难有拿得出手的历史业绩。因而，权益类基金经理也是银行挖角的重点。不过，习惯了银行固定收益类理财产品的个人客户，在波动频繁的净值化产品面前，接受度显然不如见惯了“大风大浪”的基民。

资产管理说到底，还是靠人来管理，并且管理的是别人的钱，起决定性作用的还是管理人的能力与品性。长久以来，人才优势是公募基金整个轻资产行业和单个公司的核心优势所在，成熟的市场化的薪资福利体系，完备的职位岗位上升通道，是公募基金当前能够领先的关键所在，但能够领先多久，基金经理能否被挖得动，要取决于银行资管子公司自身的努力，否则对于公募基金行业来说，可能也就是又多了几家银行系基金公司“而已”的影响。

不过，对于银行客户或者基民来说，这种竞争格局的出现再好不过。一方面，唯有真正拥有投资管理能力的资管机构才会脱颖而出。另一方面，代客理财领域的竞争越激烈，“受人之托，忠人之事”的受托文化才更容易被管理人铭记。

二

增强央行征信系统优势，把控风险短板

2018 年 11 月 14 日，《商业银行互联网贷款管理办法（征求意见稿）》（以下简称《办法》）非官宣版本被媒体曝光，部分条款引发业内外关注。其中“联合贷款合作”条款规定，联合贷款各方商业银行应分别独立对贷款进行审批，商业银行不得以任何形式为无放贷业务资质的合作机构提供贷款资金，不得与无放贷业务资质的合作机构共同出资发放贷款。“联合贷款额度”条款规定，单笔联合贷款中，作为客户推荐方的商业银行出资比例不得低于 30%；接受推荐客户的银行出资比例不得高于 70%。作为客户推荐方的商业银行全部联合贷款余额不得超过互联网贷款余额的 50%；接受客户推荐的商业银行全部联合贷款不得超过全部互联网贷款余额的 30%。

此外，《办法》还规定地方商业银行开展互联网贷款业务，应主要服务当地客户，向外省客户发放的互联网贷款余额不得超过互联网贷款总余额的 20%。可以说这几条直指近年来商业银行与部分互金平台乃至正规持牌网络型银行的业务合作，其中的贷款区域限制与出资比例限制更是严格到令人倒吸一口冷气。《办法》一旦落地，业态必将重塑。

众所周知，商业银行最重要的资产业务和主要的盈利手段，都来自贷款业务。但传统商业银行贷款渠道有着渠道单一、客户对贷款信

息处理单一，贷款渠道与生活场景背离等痛点。而一些头部互金平台与以微众银行为代表的数家民营网络型银行则通过数据分析和数据挖掘等方式，构建不同层次、不同需求的用户画像，为不同用户贴标签，研发出能够满足用户个性化需求的金融产品与贷款服务与商业银行优势互补，在促进传统银行贷款渠道、流程和业务等领域创新升级的同时，帮助银行成功吸引了一部分摇摆客户，挖掘出一大批潜在客户。

仅以微众银行的“微粒贷”为例，数据显示其上线两年后，累计发放贷款总金额已达3600亿元，主动授信客户数近亿。而《办法》中贷款区域限制与出资比例限制显然将令以微众银行为首的持牌互金机构无所适从，非但发展受限，亦有可能一蹶不振，但受损最大的无疑是小微企业与个人。2018年11月9日，国务院常务会议要求加大金融支持，缓解民营和小微企业“融资难，融资贵”的问题，力争四季度金融机构新发行的小微企业平均贷款利率比一季度降低1个百分点，将MLF（中期借贷便利）合格担保标准扩大，开展专项行动解决拖欠民企占款。少了这些持牌互金平台载体，给政策的执行亦增添了不少困难。

不难发现，《办法》的本意应是降低互联网金融背景导致的商业银行不良贷款率的回升风险，但矫枉过正则不好。《办法》要求清理不符合监管要求的山寨互金平台等合作对象，银行不得委托有暴力催收等违法违规记录的第三方催收机构进行贷款催收等条款，的确可以促进整个市场规范发展，但《办法》中有关贷款区域限制与出资比例限制则确有用力过猛之嫌。这意味着，地方商业银行必须完全依靠自身来开展互联网贷款业务，这与其当前数据能力、风控能力与获客能力并不相配。让传统商业银行以小微客户的需求为立足点，去设计和开发贷款渠道无异于一厢情愿。若让商业银行抛弃线上，完全走传统线下贷款尽调模式，更不现实。大多数商业银行遵循的是“二八定律”理念，为20%的主要客户提供服务，赚取80%的收入，其余80%的客户本可以是互联网贷款的长尾对象，现在则无法享受同样的服务。

与其隔绝和撕裂商业银行与互联网，误伤嗷嗷待哺的小微客户，《办法》倒不如督促商业银行实时公布与合规互金平台合作过程中的贷款总额、贷款余额、不良率等重要信息，保证互联网贷款业务的真实性、规范性。同时与持牌互金机构，尤其是网络型银行资源同享，形成风险把控联动机制。商业银行亦可以通过直联央行征信系统的优势，弥补对方全方位风险控制的短板，这几种处理方法可能更为现实与合理。

三 民营银行至今仍有“命门”让人担忧

2019 年两会前夕，央行旗下的《金融时报》经过翔实调研，出台了《中国民营银行发展报告》。也正是有赖于这一报告，我们才发现三四年来，已有 17 家民营银行悄然开业运营。不过出人意料的是，其中最具互联网基因也是最知名的前海微众银行与浙江网商银行两家增长速度最为惊人，2017 年末各自总资产规模就开始向千亿靠拢，同比增速都在 50% 上下。17 家民营银行的业务定位多聚焦于小微企业、“三农”、自贸区和科创企业等金融需求，基本践行了当初监管部门设立民营银行的初衷。

根据报告对民营银行经营现状和盈利模式的分析，可将这 17 家民营银行经营模式分为四类：个存小贷（如前海微众银行）、小存小贷（如浙江网商银行）、公存公贷（如天津金城银行）和特定区域存贷款（如温州民商银行和上海华瑞银行）。另可根据股东的领域，直接划分为“互联网派”与“传统企业派”。其中几个数据值得我们注意，一是首批试点的 5 家民营银行都在开业后两年内实现盈利，2017 年，更有 10 家以上的民营银行实现了盈利；二是民营银行的净息差表现突出，根据银保监会数据，仅 2018 年上半年，17 家民营银行净利润达 29 亿元，净息差为 4.25%，远高于商业银行 2.10% 的平均水平，其中，前海微众银行与浙江网商银行表现更为突出，2017 年的净息差数据分别是 7.02% 与 5.42%；三是不良贷款率较低，截至 2017 年末，民营银行不良贷款率仅为 0.53%，是商业银行 1.74% 平均水平的 1/3。对于不少嗷嗷待哺，却难登传统商业银行大门的小微企业来说，民营银行可谓及时雨，这一组数据令人欣慰。

众所周知，民营银行的出生就自带“搅局”的“鲶鱼效应”，传统商业银行包括国有大行在战术上没敢怠慢，建设银行 2013 年下半年就建成了国内首家真正实现后台集成和业务集约的深圳前海智慧银行。2014 年，平安银行“橙 e 网”上线运营，一个集网站、移动 APP 等各项服务于一身的大型平台正式面市，意在帮助中小企业建立更加完善的电子商务生态。2015 年初，招商银行推出了“闪电贷”产品，连类似南京银行、天山农商行这样的城商行、农商行，都纷纷主动科技赋能，推出面向小微企业、“三农”与个人的产品与各类体验终端。这一倒逼，不仅促进了政策环境的不可逆开放，也实实在在的造福于小微、“三农”以及广大个人客户。民营银行，尤其是互联网商业银行并非一开始就要赚钱，意图也并非仅在赚钱。要赚钱，做电商一样赚钱，短时间来看，比做银行还要挣得多。显然他们考虑的更多是面对民营企业、小微企业、“三农”领域等普惠金融蓝海，而且我国大量的长尾客户金融需求需得到满足。

“普惠”亦是民营银行的特点之一，因此民营银行更易接近普惠金融受众群体，能够更好地贯彻普惠金融理念、促进普惠金融发展。其中的领头羊更是创造了不少“独门绝技”，例如浙江网商银行的“310”模式。“310”背后是其长期积累的风控技术能力，包括 100 多个预测模型和 3000 多种风控策略。这些风控技术，一方面可以让小微企业和经营者不用担保和抵押，凭借信用就能进行贷款；另一方面，将浙江网商银行的不良率控制在 1% 左右。截至 2018 年底，数据显示浙江网商银行及其前身阿里小贷累计服务超1300万小微企业和个体经营者，其中已经有超过600万线下小微经营者获得了浙江网商银行的贷款。这一点让前海微众银行逊色不少，后者2017年研发的纯信用的对公流动资金贷款产品——“微业贷”，2018年底“微业贷”仅有效惠及34万户小微企业。当然，这与两者的主营业务导向有关，网商银行主要以小微企业为服务对象，而微众银行则以个人消费贷为主营业务。

不过，民营银行发展至今，也有“命门”被业界担忧。目前，缺乏线下渠道的民营银行负债端多数依赖股东资金以及同业负债，在只有一个网点甚至没有物理网点，线上流量有限，且远程设立账户还有一定限制的前提下，大多数民营银行难以吸收存款，对同业存放、拆借等融资方式依赖性较大。这让民营银行的业务范围和辐射能力受到严重制约，短期内难以对传统银行形成真正意义上的冲击。同业融资一旦受到压缩，就会导致流动性比例等重要指标受限。事实上，2018年年底《商业银行互联网贷款管理办法（征求意见稿）》非官宣版本已被媒体曝光，“作为客户推荐方的商业银行出资比例不得低于30%”“向外省客户发放的互联网贷款余额不得超过互联网贷款总余额的20%”等条款倘若一字不改落地，业态必将受到重震。犹记网商银行开业之初，该行行长俞胜法曾表示：“网商银行要以技术与数据驱动，做一家服务最好、有情有义的银行。”可见，面朝蓝海的民营银行，要想守到春暖花开，情义之路仍多坎坷。

四

民营银行对民营、小微企业疾苦感同身受

在我国供给侧结构性改革过程中，一个被关注的重点是实体经济中的中小微企业“融资贵，融资难”问题。为了解决这个“老大难”问题，国家也连续出台了一系列经济金融和监管政策，强化金融服务实体经济，尤其是服务中小微企业的能力和质效。但以传统银行为主的金融机构对中小微企业的助力似乎总有言行脱节或滞后之感。不过近几年的民营银行似乎找到了一条捷径。在 2019 年两会上，央行党委书记、银保监会主席郭树清在部长通道谈及“金融支持民营企业”时做了点名表扬，肯定网商银行等民营银行贷款做得好，不良率也低，会进一步推广这些经验，采取更多的措施，以支持民营企业和小微企业发展。

站在商业银行角度，民营、小微企业融资难不是没有原因。小微企业分布范围广，发现优质或有潜质的民营、小微企业无疑需要耗费大量的搜寻成本和机会成本。对标大中型企业尤其是上市企业，包括财务管理、资产评估、征信记录等多方面，民营、小微企业的发展显然有待进一步规范。更为令人担忧的是，民营、小微企业经营失败也是常事，经营状况尤其与某一核心创业者联系紧密。银行管理风险，不负责慈善，导致对这类企业的支持力度不够。一言以蔽之，困扰民营、小微企业和银行金融机构的一个主要问题是银企双方之间互不熟

悉、不了解，信任培养过程艰辛。

但对于民营银行，尤其是网商银行这样靠互联网起家的佼佼者来说，“彼之砒霜，吾之蜜糖”。“互联网化”早已内化为民营银行发展的内在动力要求，也是降低对中小微企业信息不对称、搜寻成本和风险管理成本的重要手段。创新发展模式、提高服务效率是民营银行“互联网化”的使命要求。将大数据、云计算、移动互联等新一代信息技术运用到民营银行的经营中，探索出新型银行经营模式，提高服务实体经济的效率，更好地满足民营与小微企业的需求，也就水到渠成。

实际上，受物理网点渠道少、发展初期规模较小、人员较少、信贷资源有限等因素制约，民营银行按照传统的商业银行经营模式，已经难以立足，更不能“弯道超车”。只有在互联网化当中，民营银行才“有幸”与现有商业银行站在了同一起跑线上。通过“互联网化”，民营银行可以利用新一代信息技术降低运营成本和获客成本，并将节省的成本回馈客户以提升客户体验；相对传统银行重资产抵押等为主的风险管控模式，移动互联网、物联网、大数据、云计算等新一代金融科技的发展，又为民营银行通过互联网技术，改善风险管理模式，批量化服务中小微企业提供了便利。民营银行可依托供应链金融，以大数据为基础，通过建立科学的互联网风控模型，实现中小微企业的信贷业务的批量审批。

同时，民营银行还可以通过推进金融服务的“互联网化”，打造新型供应链金融模式联网、移动互联网或物联网为手段，整合资金流、信息流和物流，发挥金融供给和风险管理等职能，为产业链上的民营、小微企业提供支付、结算、资金等综合化的金融服务。唯有如此，民营银行才能找准自身战略定位，发挥资源禀赋，聚焦区域或行业细分市场，通过发挥机制灵活、决策链条短、效率更高等自身优势，为细分市场民营、小微企业提供专注、精准的金融服务，与传统银行开展差异化竞争。

2019 年 3 月，银保监会发布《关于 2019 年进一步提升小微企业金融服务质效的通知》，督促银行深化专业机制建设。要求综合考虑资金成本、运营成本、服务模式及担保方式，完善差别化的贷款利率定价。要求通过内部资金转移定价优惠、降低利润指标考核权重、安排专项费用，提升基层服务小微企业的积极性。具体内容包括将落实授信尽职免责与不良容忍制度有机结合，对小微企业不良贷款率未超过容忍度标准的分支机构，在无违法违规行为的前提下，对相关业务责任人可免于追责；优化信贷服务技术和方式，支持银行在加强合规管理和风险控制的前提下，进一步加强与互联网、大数据的融合，探索全流程线上贷款模式；加强续贷产品开发推广，合理提高续贷业务在小微企业贷款中的比重。根据小微企业融资特点，进一步优化贷款支付方式和对资金流向的监测分析手段，不将发票作为认定贷款用途的唯一要件；进一步研究完善监管政策，明确商业银行申请发行小微企业专项金融债不以完成小微企业信贷投放的监管考核指标为前提，鼓励商业银行拓展支持小微企业的信贷资金来源；研究修订商业银行资本管理相关监管法规，适度降低普惠型小微企业贷款的资本占用。支持银行在加强合规管理和风险控制的前提下，进一步加强与互联网、大数据的融合，探索全流程线上贷款模式等。相当具有操作性。

民营银行从出生起，就肩负着探索服务中小微企业、服务实体经济的差异化、特色化模式的使命。因为其中的佼佼者（例如网商银行背后的阿里集团）就是从这条路上走过来，个中甘苦，感同身受。虽然民营银行盈利能力是其本身生存与发展的前提条件，但似乎被民营、小微企业“拖累”。有数据表明，网商银行在服务小企业最多（累计服务超1300万小微企业和个体经营者）的同时，利润则为全行业最低，2017年的净利润仅4亿元。服务小企业最多，但利润最少。这说明以网商银行为代表的民营银行志存高远，对民营与小微企业倾注的是真金白银与真情实感。毕竟短时间来看，同样的人力物力投入，做电商比做银行要挣得多得多。

五

“飞单”易避，“双输”难躲

2018 年 11 月 7 日，广州市越秀区人民法院对一起十余名中老年客户与建设银行广州某支行之间围绕某款理财产品而引起的赔偿纠纷进行了判决。判决建行广州某支行承担 40% 的补充赔偿责任。在对原告的损失承担赔偿责任之后，该支行对理财产品管理人的追偿自行另寻法律途径解决。

40% 的补充赔偿责任其实在银行理财产品发生纠纷的判决中并不多见，这足以说明此款产品并非“飞单”（指为获取高额佣金提成，个别银行员工利用职务之便，向客户私售既非本银行自主发行，亦非本银行代销的第三方机构理财产品的行为），因为如果是“飞单”，银行同为受害者，不会担负过多的责任。建行、监管部门和法院三方也均没有将之定性为飞单。这就让这款看似很普通的理财产品纠纷案例，有了一些与众不同的警示意味。

依据法院与监管部门的调查，此款理财产品不属于建行总行批准代销的第三方理财产品，被告建行广州某支行存在对员工行为和营业场所管理不到位，以及对产品管理人等在筹措资金过程中缺乏跟踪监督，未能及时发现被该管理人宣传资料冠以“该资金监管账户的监管机构”，在发现他人利用建行名义对外宣传营销时未果断制止或采取法律措施维权。因而该支行虽然与原告的损失无主要、直接关联，但监管不力却是不争的事实。

另据了解，该理财产品实质上为处置某公司不良贷款的高风险私募基金产品，此款基金的发行正是为了处置该不良贷款的主体公司与该支行之间的债务问题。通俗地说，就是该支行放给这家公司的钱收不回来后，某私募机构出现，将其包装成一个不良资产处置的基金产品，再卖给该支行的高净值客户，赢得处置时间。并且该私募基金产品并未在基金业协会备案，本身已属不合规，能让银行代销更是说不通。但在承担了销售压力的该支行客户经理层面看来，这是自己行里的产品，没有多大问题。这款理财产品的投资人多为连产品投向可能根本都搞不清，但信任该支行多年的老年熟客，其中不乏银行客户经理自己的亲属。

2016 年原银监会发布了《关于规范商业银行代理销售业务的通知》，要求商业银行应对销售人员及其代销产品范围进行明确授权，禁止未经授权或超越授权范围开展代销业务，禁止非本行人员在营业网点从事产品宣传推介、销售等活动，不得将代销产品与存款或其自身发行的理财产品混淆销售。之后，“飞单”已成“过街老鼠”，套路也已为大多数客户所掌握，只要保持清醒的头脑，“坑”不难躲。但本案例当中的理财产品，就给投资人出了难题，算不上“飞单”，又与代销行自身利益有些许瓜葛，这让某些本身缺乏金融素养的中老年客户，甚至是销售产品的客户经理自身都难以判断。

一直以来，市场上有不少资金有意愿投入到私募产品当中，但在纯市场化竞争压力下，不同机构的品牌度和客户资源挖取能力却相去甚远。私募产品，除了比拼投资业绩之外，采取何种推介方式也开始成为行业间竞争的关键，我们观察到一些银行积极对接并邀请一些优质私募机构在银行平台上发行产品，在基金业协会已有的监管框架之下，有些银行为适应自身风险系统，通过大数据模式来自建拟合作私募的“白名单”，并一一进行尽职调研，然后为这些私募机构放开银行自身符合私募投资特性的高端客户资源，银行如果认可私募业绩和投资能力，也会将一部分理财资金配置到私募产品上，在获得更高收益的同时，也提高自身的竞争力，这也是一举两得的事情。这无疑是代销行该有的正确思路。案例当中连基金业协会都没有备案的产品，居然能出现在银行代销柜台，这就确实令人忧心。

令人唏嘘的是，多位投资人虽不满意判决结果，但表示已无心力，决定不再对这起打了四年的官司进行上诉，背后的无奈与失望无须多言，这无疑是银行与客户“双输”的遗憾，值得后来者反思。

六

“三套利”旧路被封将改变金融业生态结构

2017年清明节前夕，在同业存单发行量屡创历史新高的悸动中，银行业迎来了季度末MPA（宏观审慎评估体系）大考的疲惫，央行连续十余个交易日暂停公开市场操作，等来的却是金融机构“监管套利、空转套利、关联套利”专项治理的“大杀器”。考虑到债券质押政策进一步收紧等传闻的坐实，我们不难发现在整个资管领域，技术上的闪转腾挪已经越来越受到掣肘。流动性拐点面前，靠天吃饭、靠流动性挣钱的余地也越来越小，对于一些已经有路径依赖、牌照依赖的中小金融机构来说，钱还能不能挣？究竟怎么挣？已成资管界的“钱学森之问”。

与监管套利相关的一系列问题并非我国所独有，监管成熟如美国，其商业银行在州层面和联邦层面之间的监管套利行动也广泛存在。但在中国，由于对结构性金融较为严格的管制，上述主流监管资本套利模式并不多见。将资产从银行账户向交易账户的划转是监管资本套利的主要模式，曾有人推测，在极端时期，银行交易账户大约有将近80%的资产源于监管资本套利目的的账户转移，相当于降低银行资本充足率近2个百分点。配合这一“迁徙”，我们见到过太多的横跨几个行业监管，眼花缭乱、层层嵌套包装出来的金融产品，与此同时，监管规则却“政出多门”，呈现一种“弥散”状态，无法聚气聚力。不同种类的金融产品分别“选择性”适用各自的监管规则，其发行条件、募集对象、审批条件和程序、信息披露要求、投资风险分担、资金使用要求、监管措施以及法律责任等方面的内容均是“各自表述”，从而使得监管套利机会闪现。

“一行三会”[①]（2018年3月，银监会、证监会合并为银保监会）虽“守土有责”，彼此之间权力边界也相对清晰，但就监管现状而言，“多头行事”给监管部门带来的一个显而易见的负担就是“重复劳动”和立法及执法资源利用的不经济。各金融机构的产品在法律性质上虽高度相似，监管规则却并非统一制定，而是由银监会、证监会、保监会各行其是，大多基于各自部门工作的需要而出台适用范围有限的监管规则。执法“唯名不唯实”，从而很容易使得金融市场监管活动的整体有效性大打折扣，更无法束缚游离于监管体系之外的金融机构业务活动，降低了资本监管效率，从而加大增加系统性风险。

有理由认为，“三套利”旧路逐一被封，将悄然改变整个金融业的生态结构。它不仅将从技术上限制同业的盲目发展，还将令表内表外套利无桥可渡，从而封杀通道业务，“影子银行”拉长的“影子”必将在强光下逐渐变短乃至消失，资金脱虚入实也有了可能。否则，举目望去，都是价格战的喧嚣，做什么都是俗套，去哪里都是窠臼，有套利的钱好挣，哪里还用得着什么创新？因而，一些人眼中的晴天霹雳，却不过是另一些人耳边的靴子落地。后者早已不再沉湎于套利的喜悦，而是力争保持一种不创新毋宁死的警觉。

也许，过往多年，在行业内真正挣到钱的大部分机构都靠套利而

① “一行三会”是国内金融界在2018年国家机构改革前对中国人民银行、中国银行业监督管理委员会、中国证券监督管理委员会、中国保险监督管理委员会的简称。

非创新。因而，此刻监管思路的“蝶变”，既是鼓励金融创新，也是顾全国家当前政治、经济大局的表现。面对新时代，各金融机构亦应积极研判大势，告别套利依赖，拿出创新举措，最终为实体经济发展添薪助力。兄弟爬山，各自努力。

七

提高债券违约成本，早日推出 CDS

2014 年 3 月第一只公募债“11 超日债”打破刚性兑付，可被视为一个后信用时代的来临。不过短短两三年，从小企业到大企业，从民企到国企，除城投公司外，当前各类主体基本上刚性兑付都已经打破。城投债虽尚无实质性违约，但自《国务院关于加强地方政府性债务管理的意见》（国发〔2014〕43 号文）发布以来，对地方政府融资的规范化管理持续加压，地方政府融资平台债务风险明显上升，“不坏金身”的打破也许只是时间问题。

债券违约“井喷”，是前期经济下行的一个滞后反应。从 2012 年开始，经济增速持续下滑，企业经营始终面临较大的压力，坏账积累以至“倒在最后一公里”。尤为值得注意的是，2017 年初以来的金融强监管和货币紧平衡对企业融资的负面影响正在逐步扩大，金融危机以来企业债券净融资首次为负，在银行贷款以及表外融资继续收紧的情况下，未来发债企业资金缺口可能愈发难以弥补，流动性趋于紧张。同时，在债券违约增多环境下，投资者对风险溢价要求提高，带动债券利率抬升，导致实体融资成本上涨，“借新还旧”梦碎有声，部分行业内部将加速出清。这中间国企违约相对民营违约，投资者情感上可能更难接受。过往只要是国企，即使基本面较差，通过借新还旧和财政支持保证债券的可兑付性并非难事。但是政策转向后，部分资质差的国企，加上本身经营不善，违约率大增，被淘汰出局。在供给侧结构性改革的持续深化中，“僵尸”类国企违约规模与概率仍可能进一步上升。

随着供给侧结构性改革深入，过剩行业去产能持续加码，局部信用风险加快释放，债券市场进入违约高峰期并非难以理解。经济下行周期债券市场违约事件增多是市场出清的一种正常表现，也是国际市场普遍存在的现象。但债市从“不许人间见白头”，多年来没有一起实质性违约，到一旦“踩雷”违约债，债权人似乎只能“自求多福”“自生自灭”，给市场风险背书，这一过程值得玩味与深究。

针对债券违约问题，一方面要求当前内外部信用评级工作。过往国内企业违约样本太少，除垃圾债外，不同评级之间差异并不大，外部评级体系实际上并没有获得应有的尊重，内部信用风险评估形同虚设，或者干脆“裸奔”，看名字下单，实质性违约的出现已经使得这一局面发生质化。另一方面，在操作层面，债券违约改变了投资者对尾部风险巨大的“加杠杆、加久期、降资质”单一套利模式的依赖。过往对低评级、长久期债券的风险认识的缺乏，在前所未有的“雷”声阵阵中，已经撞了南墙。

债券违约打破了市场的刚性兑付信仰，但是弊端更值得警惕，原因有三点：一是总的来看，当前债券违约并非有序，更没有经过系统压力测试。固收市场多个子领域主体爆雷，使得局部性风险和金融安全隐患大增，债券市场信用风险无序释放的蝴蝶效应，有可能在一些不可预知的外部因素助力下，引发系统性风险。二是对整个市场流动性的冲击，债券市场回购交易常见且总量巨大，但在违约事件冲击下，债券作为质押品进行再融资的能力将大幅下降，加上 2017 年以来各机构大幅降杠杆，债券抛压加大，导致市场内部分流动性快速消失。同时违约引发的债券抛压使得市场上的恐慌情绪快速蔓延，导致金融机构对流动性的敏感度明显增强，一旦金融机构间融资出现困难，信用风险将从企业层面扩散至金融机构层面。三是对整个资本市场的负面影响扩大，银行间与交易所的主力投资人都是与民生密切相关的正规金融机构：银行、信托、财务公司、券商资管、公募基金等，债券违约很可能导致相关金融产品面临集中赎回风险，而不少金融产品相互嵌套、关联程度较高，个别产品赎回很可能快速向更大范围扩散，整个资本市场风险迅速上升，同时影响金融稳定和安全。

由上可见，不难发现违约可以促进债市发展，但更制约着债市的长远发展，甚至影响整个金融安全。更为要紧的是当前市场对踩雷后的投资者保护程度不足，对违约债券的风险处置机制尚未健全，违约处置效率低，是债券违约容易引发市场恐慌的主要原因，间接扩大了违约的影响。在发债门槛越来越低的今天，债券违约还可能产生一定的道德风险，使得部分有偿还能力的债务人采取种种措施恶意逃废债务，在已经发生的违约事件中，个别企业在违约前后表现出较低的偿债意愿，对市场产生了比违约本身更为恶劣的影响。从多年没有实质违约的极端走向另外一个违约难以得到公正处置的极端，这显然不是国内债市所能承受之重。

因而在债市违约的青萍之末，我们必须对此有所应对。除了尽快出台信用违约互换（CDS）等目前全球金融市场的主流风险对冲工具，在加强债券违约风险预警，给按市场化原则承担损失的投资者设置相应的保护措施，降低违约债券处置的时间成本，推进设立专门的破产审理机构，培育专业法官，形成高素质的破产重整共同体等方面，我们还有不少路要走。监管机构必须有强制性的契约和条款来约束债券发行人包括主承销商的行为，提高发行人的违约成本。不给少数别有用心的发债企业“合法骗钱”的机会。

杜绝违约事件前提是建立与投资者的风险识别与承受能力匹配、债务人的信息披露准确及时，以及被违约债权人最终得到合法公正的赔偿等一系列符合现代经济社会法律法规、诚实信用等公序良俗，否则我们谈论违约促进债市的发展，将是牺牲整个债市的长远发展。

八 散户可投资地方债，开启固收市场新篇

2019年4月，第一批在银行柜台销售的地方债面市：期限3年，发行利率3.04%，柜台销售额度3亿元的宁波债券；期限5年，发行利率为3.32%，柜台销售额度11亿元的浙江债券。这两只债券销售喜人，10分钟内被抢购一空。另据财政部表示，四川、陕西、山东、北京等也将陆续通过商业银行柜台市场发行地方债券。

乍一看，两只债券最受客户群体关注的收益率差强人意，期限也长，遭“哄抢”颇为令人意外。实则不然，宏观上，2019年年初以来，货币市场并不“钱紧”，以余额宝为代表的货币基金收益率长期徘徊在3%之下（7日年化收益率），银行柜台理财收益也是持续缩水，“破4”已经不易，并且需要客户牺牲一定的流动性。而通过商业银行柜台认购的政府债券可在交易时段内随时买卖，交易资金实时清算，较强的变现能力使得债券看似3~5年的期限对投资者的流动性要求并无大碍。同时，与国债一样，地方债同样享受免税政策，定价却普遍高于国债。加上相对理财产品、大额存单、地方债投资100元起的极低起点门槛，中小投资者等散户对地方债极高的认购积极性也就不难理解。不出意外的话，后续各地试点银行柜台仍将延续这一地方债“脱销”热潮。

众所周知，长期以来地方债主要通过全国银行间债券市场、证券

交易所债券市场发行，面向银行、保险等机构投资者，此次发售渠道的扩容主要源自之前监管政策的调整。2019 年 3 月初，财政部发布《关于开展通过商业银行柜台市场发行地方政府债券工作的通知》，明确了地方债可通过商业银行柜台市场在本地区范围内（计划单列市政府债券在本省范围内）发行。在此之前，广大散户，尤其是地方债属地的中小个人投资者，对地方债可谓是临渊羡鱼，却不得结网，在地方债流通市场外干着急。本次新规让地方债客户群体有了新的变化，开启了一个固定收益市场的新阶段，更是一举多得。对个人投资者而言，这是在股票二级市场与银行存款之间，多了一个以往只可远观的新投资品种，收益率与流动性一段时间内也有吸引力；对于地方债发行端而言，资金流动性增强，供给压力也随之减轻。虽然当前在银行柜台的销售量可以忽略不计，但“散户”有望在将来的市场份额之中占据一席之地。

另外，此前我们注意到，为了解决地方政府的债务逐步到期的问题，财政部允许地方政府发行规定总额之内的债券来置换存量债务，将存量债务中属于政府直接债务的部分从短期、高息债务转换成长期、低成本的政府债务，期待借此降低地方债务风险。力图在短时间内缓解国内地方政府债务过高问题，以尽可能小的后遗症使借贷双方化解迫在眉睫的压力。迄今，应当说是取得了一定的成效，达到了预期目标。而当前地方债试点在银行柜台向中小投资者销售，可谓是这一政策在销售端的延续与配套。

不过，当前试点的地方债可谓优中选优，几无风险的收益率当然也只能差强人意。将来试点品种可能会进一步扩展，覆盖的区域更广，相应其收益率也会提高以匹配其风险。不过这一风险显然是我们相对可以承受与把控，尤为适合中老年客户，而这个年龄段的客户又是最容易被非法集资等骗局炮制者盯上的社会群体，虽然前述售罄的那两只地方债的客户具体构成，银行没有披露，但当中应有不少这个年龄段的客户。

最后，银行柜台出售的地方债发行主体面对热情“捧场”的散户，当存一份感激之心。如果此举能够促进地方政府的财务管理更加规范化，经济行为更加透明化，更大程度地接受公众监督，可谓意外之喜。

九

银行理财子公司入场，有望良币驱逐劣币

2019 年 6 月 3 日，国内首家商业银行理财子公司——建信理财在深圳正式开业运营。另据媒体统计，除建设银行外，目前共有 7 家银行的理财子公司获批筹建，包括 5 家国有大行和光大、招商 2 家全国性股份制银行。可以预见，在监管政策的支持下，后续其他股份制银行及地方城商行与农商行当中的佼佼者的理财子公司，同样会跑步入场。

提及银行理财子公司，普通银行客户可能感到陌生，但谈到银行柜台旁边摆放的写满各类理财产品收益率的小黑板，则比较熟悉。无论是银行自己发行的保本理财还是非保本理财，以及银行代销的各类理财产品，之前给私人银行门槛以下，活期存款要求以上的普通银行客户最多、最常见也最为“靠谱”的选择，特别是对于那些在前几年的互联网金融浪潮当中，身陷山寨理财产品“大坑”的客户来说，更是别有一番滋味在心头。从这个角度看，此刻银行嫡系理财公司的分拆独立面世，可谓恰逢其时。其人员构成大多来自银行自己的资产管理部，分拆独立开业后，无疑将对其理财资管业务的主动管理能力和专业化程度有所提升。更为重要的是，作为一个独立运作的法人主体，与银行的风险隔离后，银行理财子公司无疑可以摆脱以往在银行体内受到的一些掣肘，做一些以往难以做到的动作。虽然没了“躺着

挣钱”的银行牌照优势，但也同样放下了在普通客户看来“天经地义”的“刚兑”包袱。

从宏观角度看，资管新规的出台，鼓励各类型资管机构推出净值化产品，打破刚性兑付。其中，最引人注目的就是银行可以设立独立资管子公司，发行净值型资管产品。新规使得银行布局净值型产品的主动管理意愿“被动”上升。但与见惯“大风大浪”的基民、股民相比较，普通银行理财客户大多习惯了银行固定收益类理财产品，在波动频繁的净值化产品面前，显然需要一个相当长的适应过程，银行理财子公司的独立运作成为最好不过的先决条件。同时，对于银行理财子公司来说，自身也有一个产品线上的摸索过程。不排除将来其中会有一些银行理财子公司根据自身客户特点，开几条高风险高收益的“重口味”产品流水线。虽然同样是在高风险当中追求高收益，但其质量显然不是一些山寨理财产品所能比拟。对于许多连分辨各类“理财”“基金”来源都有困难的客户来说，不管是要低风险保本为先，或是能够承受一定的损失想搏一把，走进银行理财子公司基本可以满足需求，还不存在被骗的风险，良币有望胜出劣币。

代客理财领域，归根结底还是人才的问题。银行理财子公司对这点也是心知肚明，所谓“兵马未动，粮草先行”，据悉“挖角”公募基金人才的动作已经开始。目前，在净值化运作前后台经验上，还是公募基金最有“江湖”地位。在其体系设计、法律构架等诸多方面优势明显。但在渠道、资金、客户等方面，大部分公募基金在银行理财子公司面前又几无还手之力。基于老百姓对银行的信任，一些风险等级与收益率差别不会太大的产品，肯定是银行理财子公司“近水楼台先得月”。公募基金20年来积累的领先身位，可能正在面临有史以来第一次真正意义上的冲击。

不过，对于普通银行客户或者基民来说，这种竞争格局的出现再好不过，可以权衡比较，好中选优。毕竟，资产管理说到底，还是靠人来管理，并且管理的是别人的钱，起决定性作用的还是管理人的能力与品性，唯有真正拥有投资管理能力，且可以“受人之托，忠人之事”的资管机构才会脱颖而出。

Chapter 5

第五章

电商巨头突围，大佬们的新思考

阿里“双十一”在短短几年内引起全球狂欢，无人零售店带你步入新零售时代……电商巨头的一举一动不但刷屏网络，也与平常百姓的生活息息相关。在新零售时代，电商巨头寻求突围，人们不禁要问：电商大佬们到底在焦虑什么？他们又有什么新思考？

一 微商与螺蛳粉表现生猛的秘密

谁也难以料到的是，方便面全球销量下降的这一两年，悄无声息攀登至国内方便食品销量第二位的竟然是螺蛳粉。考虑到螺蛳粉自身的特点（类同榴梿，主要看食客对“臭”字的理解），在高铁、机场等公众场合掏出来充饥毕竟还是需要一定的勇气，因而当前销量主要是袋装，以食客买回家将门窗关起来偷偷摸摸过瘾为主，而非较为便携的桶装。倘若将来社会对其味道的容忍度提升，食客可以毫无心理压力，从容地拿出与康师傅牛肉面桶装一般便携的螺蛳粉来享用，到时方便食品头把交椅谁来坐，还真的难有定数。

跟螺蛳粉销量一起涨起来的，还有柳州（螺蛳粉发源地与主产地）当地的存款。例如螺蛳粉配料之一的酸豆角，便直接拉动了柳州当地的豆角经济。据媒体报道，种豆角的农户现在一天能挣 400 元，是之前收入的数十倍。而一包讲究的螺蛳粉，里面的配料包可达近两位数，直接拉动了各细分食品原料领域的迅猛发展，这也让不少农户与螺蛳粉生产厂家一并发家致富。最为有趣的是，为了应付全国各地“低段位”食客对螺蛳粉里面为什么没有螺蛳肉这样不厌其烦的“天问”（螺蛳粉的汤汁由螺蛳连壳带肉煮制而成，煮到最后可以弃壳时，只有螺蛳香，肉早已烂入汁），部分螺蛳粉品牌开始添加了一个新的配料包，没错，里面就是令本地食客目瞪口呆的螺蛳肉。

螺蛳粉“自说自话”生猛的发展势头，令我想起另外一个早期也是很生猛的群体——微商，说微商是在微信崛起的黄金期，渠道红利最充分的享受者，可能连他们自己也没有意见。不过，迄今大多微商仍然只会在名字前面加越来越多的A，以期与别的微商或房产中介力搏客户微信通讯录最靠前的位置。由于缺乏有力的监管措施和严格的渠道准入门槛，微商用来展业的朋友圈里售卖的产品必定是“杀熟”的假货，而不是螺蛳粉这种实实在在的口碑货。究竟卖的是什么质量的东西，客户可能没数，他们自己心里一定明白。而微商又尤喜采取五到六乃至更多级的代理商体制，每一级代理商赚取下一级的代理费用。在顶层代理“喜提”玛莎拉蒂这种真真假假消息的喧闹下，很容易令人不自觉地将之与传销加以类比。

不管兼职还是全职，对自己的“爆款”产品不管真信还是假信，只要不是真傻，这些微商内心可能也知道这样的模式注定走不远。令人不安的是，部分疑似传销实质的微商套路，在较低的知识层级与商业素养缺乏的群体，有炽热之势。自觉资质平庸，错过了淘宝，不能再错过微商的时不我待的逼迫感，催促着这一群体踉踉跄跄纵身商海。这一套路下遴选出来的客群，认知水平与消费习惯可想而知。自己人套路自己人，形成了一个完美的闭环。感恩、格局、爱、善，这些字眼哪怕在她们朋友圈出现的频率再高，只会让旁观者无语。

诚然，也并不是说知识层级高，就一定能免遭茶毒，否则这么多人排队要求小黄车退押金，为何却没有一个人向咪蒙申请退款？咪蒙当初卖职场课程的时候，可是承诺了三年内薪资不翻倍可全额退款。这里面的行事逻辑着实令人唏嘘，更是比不了一包包螺蛳粉的踏踏实实。想着在这个工商社会先捞一把快钱，其他稍后再议的思维模式，不只是微商才有，只不过他们表现得相当痴迷与自信。可惜与螺蛳粉的生意相比，并无半点靠谱。

二

盒马鲜生关店不代表新零售不行了

2019 年 4 月底，新零售排头兵盒马鲜生一则关店的消息引发外界关注，虽然这是盒马扩张过程中首次关店，该店铺所在地也只是昆山这样的非一二线城市，但仍然吸睛无数，加上 2018 年海南盒马净亏损近千万元的消息被同期披露，令不少人开始担忧盒马鲜生这一新零售行业样本、明星一哥开始走下坡路，更有人甚至产生了新零售是不是不行了的疑问。

这样的担忧，虽事出有因，但对于有过新零售亲身购物体验的客户来说，往往会莫名诧异。有空的话，去逛用超市价吃现场加工出来的新鲜海鲜；没空的话，新鲜食品净菜免费配送、半小时送达加无条件退货，除了比传统菜场稍微贵点，其他方面没别的大毛病。感觉新零售也渐入佳境，参与者越来越多，门店越来越多，并衍生出各自的子品牌，怎么就不行了？传统零售业当中的部分商场与实体店虽门可罗雀，尚且还能强撑。根据公开信息，截至 2019 年上半年，盒马鲜生门店数突破 180 家，差不多三天一家新店开张，现在关了一个不符预期的旧店，这就不行了？这到底是下坡路还是上坡路呢？

新零售面市不过寥寥数年，就已经被传统零售业视为“救命稻草”，这既说明了传统零售的羸弱，也说明新零售顺应了时代发展的某些规律。“90 后”“00 后”等新兴消费群体对于生鲜食品的要求并不主要看价格，而是加上了商品品质和购物体验。盒马鲜生这样的新零售正是将超市和电商两个特点结合在了一起，消费场景与配送问题同时得到解决。悬挂链在店内线下客户头顶上滚来滚去，10 分钟内搞定线上订单，再加 20 分钟送货时间，门店 3 公里范围内的“盒区房”概念应运而生，生活品质高一点，所以价格贵一点。经营业绩也证明了由阿里巴巴发轫的“新零售”模式是有效的。盒马鲜生几乎是开一家火爆一家，单店平效（每平方米的营业收入）超传统零售对比数据的 3 倍以上。上海等地的部分门店做到了当年盈利，成为一种现象级商业，可谓商超竞争当中的“余额宝”。在互联网线上获客成本变高、流量红利渐失的哀怨声中，阿里巴巴 2019 财年一季度财报显示总营收同比增长 61%，新零售功不可没。这也直接促发了永辉超级物种、京东 7FRESH、美团小象生鲜、每日优鲜、叮咚买菜等竞争对手快速跟进。

新零售不只是简单的“消费满 100 扫码减 8 元”，对新零售的本质认知不到位，使得不少传统零售商在转型新零售时折戟沉沙，以赫赫有名的大润发超市为例，大润发中国在与阿里合作之前，曾在数年前投资成立过 B2C 电子商务网站飞牛网，关停前大润发共投入超 10 亿元，亏损超 4 亿元。而本次盒马关店之前，小象生鲜也已关闭其位于无锡、常州的多家门店，“超级物种”与“7FRESH”的发展不及预期。从这个角度来看，盒马鲜生关店引发的紧张，也有这些队友太过平庸的缘故，倘若都已生根开花或独当一面，盒马鲜生即便关闭不止一家门店也恐怕不会得到如此关注度，而被视为正常的盒马体系内的优胜劣汰。

急于求变的零售行业，在早期转型过程中遇到一些问题再正常不过。从“舍命狂奔”步入战线收缩调整阶段（盒马 CEO 侯毅语），也是可以理解的，在昆山关掉一家业绩差的门店，不影响未来在当地或者苏州开出更多门店。“做零售没有百分之百的事情”，门店数量与规模上去之后，及时优化与调整才能保持整体健康的状态。据悉，盒马2019年将继续保持高速扩张，探索精细化运营的同时，除了盒马鲜生门店还将增加盒马菜市、盒马mini、盒马F2和盒马小站等多业态布局，这无疑让对新零售抱有好感的客户非但没有失落，还多了几分期待。

新零售模式作为一种全新的零售业解决方案，近年来已经惠泽了北上广深等一线城市诸多用户，并且有朝二三线城市下沉的趋势。越来越多的人拿起手机APP买菜，小到菜肉蛋奶，大至以往“无缘相会”的外来帝王蟹、波士顿大龙虾等大海鲜（成本已因为线上订单占比达到60%以上的总规模优势，而降至大部分人可以企及的范围），出现在百姓的寻常餐桌上，极大地提升了消费者的生活品质，推动了消费升级迭代。但同样，新零售不可避免地会遭遇不少障碍和问题，例如过快的发展速度和节奏带来的门店服务质量下降、品控管理松懈等问题，都会令门店运营效率大幅下降。此刻，“新”不如“旧”，传统超市买生鲜，客户至少可以挑挑。但是在互联网上下单，会送来什么样的产品，完全寄希望于商家的管理。这时新零售商家总结出来经验“填坑”，就能继续上路，填不了坑就会坑了自己。以盒马鲜生“超市里面开饭堂”为例，部分门店新鲜劲头过去之后，工作日的中午餐饮生意很淡，为了加速渗透与覆盖更多用户，很快便反思摸索出盒马菜市、盒马mini、盒马F2和盒马小站等新业态。今后盒马鲜生等新零售商仍可能有关店等主动调整，但并不能被唱衰为新零售“刹车”，毕竟新零售取代传统零售，是不可逆转的潮流。

三

互联网电商“假”迟暮，新零售人才“真”早春

在互联网线上获客成本变高、流量红利渐失的从业者哀怨声中。截至2018年6月年，各项指标所指向的消费增速显著回落，互联网电商寒冬似乎已至，但阿里巴巴①最新一季财报，对这一悲观论调似乎提出了反驳。阿里巴巴2019年一季度财报显示，其总营收为人民币809.20亿元，同比增长61%。而其他几家在美上市电商也大多录得20%~30%左右的营收增幅，看来互联网电商英雄迟暮是假象，转型新零售后风头正劲。

客观来说，作为此前与当下中国的互联网电商客户，属于幸运的一代。我们见证和感受到了各大电商在线上零售、线下移动支付等多个领域的贴身肉搏，并且少不了“渔翁得利”，从效果上说，是这些在竞争中获胜或者已经消亡的平台，共同完成了互联网和移动互联网背景下的市场教育工作。其中不乏“恶心”人的奇葩平台已经被市场优胜劣汰。虽然线上市场面临增速越来越慢，疑似“强弩之末”，但率先惊醒的几大巨头早已开始朝新零售转变。马云在2016年首倡新零售概念，以突出这种对商业三要素“人、货、场”进行重构的新零

① 阿里巴巴财年与自然年不同步，从每年的4月1日开始，至第二年的3月31日结束。

售模式，随后其他电商也发表了一些类似的观点，共同助推新零售概念的传播，并纷纷在这一领域抢滩布局。京东捆绑沃尔玛；阿里布局盒马、三江购物、银泰、大润发；腾讯落子永辉、家乐福、步步高、海澜之家等。这一趋势代表了当前社会潮流最前端的一批民营资本对零售行业与消费领域的全面渗透，这一批线上线下的知名零售场域也基本完全涵盖了大众日常消费场景。

难能可贵的是，各大电商均认识到新零售变革光靠财务投资难以完成。新零售不只是简单的“消费满 100 扫码减 8 元”，也不只是“线上下单，门店取货”。其核心在于线上巨头携手线下零售商，踏踏实实地去深度介入与改造，提供给消费者有自由、有品质、有存在感，并且感知到温度的生活方式。消费者对新零售的希望就四个字：多快好省。传统零售只能牺牲其中两个，换来另外两个。对于顾客来说，如何最快速、最方便、最高性价比地买到想要买的东西，同时又能感受到应有的尊重，才是新零售的本质所在，这一点当前“旧”不如“新”，线下尚不及线上。

“买买买”作为一种消费行为，商家的最终目的是抓住消费者本质需求的关键。这可以视为一道填空题：“当我消费________（比如资源、钱、时间等）的时候，我就可以有________（比如心安、满足、羞愧等）的感觉，所以我觉得幸福”。最终，大家通过消费希望享受到自由有品质、有自我价值感，并且不损害自然与社会的生活方式。唯有新零售平台有觉悟、有能力、有技术手段来让消费者通过适度花钱满足这些需求。而其中的佼佼者自身，也同步经历过了一个不断进化的过程，从人为创设情景，到回归自然，切入普通用户真正日常生活里自发产生的、常态化的各种真实生活场景。横跨支付、消费、生活、金融理财、沟通等多个领域，真正成为以每个用户为中心的场景平台和生活方式平台。基于上述，阿里财报的增幅也就不再难以理解。

但是零售靠电商业务就想独步青云的时代已经过去，我们已经步入移动时代、社交时代、数据时代、AI 时代以及将来未知的 × ×时代。新零售平台仍然得不断求变，同时垒高自己的护城墙。其革新升级与跑马圈地我们能够从线上线下的考拉、盒马等新业态中感知，家电数码、服饰百货、快消商超、家居家装、餐饮生活、城乡双路、社区小店可谓新零售必争的几路纵队。线上和线下收购忙、布局快，必然要加大投入，各大新零售平台财报在总营收增加的同时，利润率缘何下降也就有了答案。可以预见的是，第一梯队的新零售商未来利润率还将进一步下降，这也是一个企业从成长期步入成熟期的表现。

有趣的是，2019 财年一季度阿里核心电商运营利润率再度下降，但布局菜鸟、收购饿了么等投入并非最主要的原因，而是因为用于员工股权奖励开支达到了历史新高，含蚂蚁金服在内的单季股权奖励达 164 亿元。新零售讲究的是“拥有人、拿到货、创建场”，优秀互联网企业舍得给真金白银的股权激励也是人所共知，看来阿里已经抢先一步。据悉，阿里搞校园招聘是不大去清华、北大的，主要偏好二三流学校里中上游的学生，让这些毕业于二三流的学校的员工拿一流的工资，足见马云对人性的把握之深，也无怪乎其能够总结出“员工离职无非两个原因，心受了委屈或者钱没给到位”的名言。新零售商们能将相对最自然、最放松、最满意的个体组织起来，保持初心，做更大的事情，就自然不在话下。

此外，这些新零售平台在已有大体量下，还能保持高增长，原因在于他们能找到持续的新增长点，开拓新的赛道，甚至是超级赛道。支付、云计算、物流等领域自不用说，而围绕“到家”和“到店”

两个场景，切中消费者刚需与痛点的本地生活服务的零售升级，正是提升我们每一个普通家庭生活幸福指数的低基数、高增速新蓝海。广阔天地，新零售“精英”们仍大有可为。

四 新电商法开启微商代购中场转型

2019年元旦刚过，《中华人民共和国电子商务法》（以下简称《电商法》）正式实施，《电商法》对包括个人在内的电子商务经营者的行为给予了规范。微商、代购均属于“电子商务经营者”，也需要进行登记和纳税，不少微商及代购自节前开始已经暂停业务，保持观望态度。更有不少微商及代购异想天开地开始在朋友圈用英文或者抽象艺术画来卖货，臆想可以躲避监管，其脑洞之大，实在是令人佩服。

微商，一个出人意料又快速发展的电子商务模式，发源于微信，在腾讯微信还没有想好如何运作微信的情况下，就开始野蛮生长。它与过往的电子商务发展相比，速度之快超乎想象。阿里巴巴做到2000亿元交易额用了8年，微商出现的第二年，就做到了1500亿元。作为互联网+的必然产物，微商其实是以个人为单位、利用移动互联网衍生出来的载体渠道，不存在区域限制，且可移动地实现销售渠道新突破。从产生至2019年年初，几乎所有的社交应用都可以被微商所用，微信只是其中一种。早期微商抓住了微信崛起的黄金期，充分享受了平台渠道红利，但由于微商没有受到强有力的监管和成熟的准入门槛，微信朋友圈里售卖的产品多半假货横流，这些品牌仅靠“杀熟”，显然缺乏足够的价值基础去支撑消费信任。经过五六层的逐级批发还能在价格上形成冲击力的产品，质量能有多好？微商因存在广告恶意刷屏、商家鱼龙混杂、传销化倾向等问题被诟病已久，包括有想法的微商自己在内，也认为现在有太多人利用所谓的微商坑蒙拐骗，而“也想离这个词远远的”。

而私人代购市场，向来都是半遮半掩，稀里糊涂，非局中人谁也看不清。在价格的吸引下，在尽可能透明的沟通下，私人代购表面上看起来也很可靠。但因为行业水深，从业者鱼龙混杂，国内消费者对真假的辨识度很低，连代购自己都会抱怨在解释货品真假上花了太多时间。更有许多所谓的代购实际上是靠卖假货赚钱，把假货带出国再寄回国内，当正品来卖。因为其进入门槛低，无实体店、无营业执照，出现消费纠纷后消费者维权困难也就不难理解。

不过，上述卖家的违法成本将在新电商法实施后大大提升。根据新电商法，电子商务经营者均需要办理市场主体登记，并且依法纳税。具体规定有电子商务经营者应当依法办理市场主体登记，并履行纳税义务；电子商务经营者从事跨境电子商务，应当遵守进出口监督管理的法律、行政法规和国家有关规定。这意味着微商及代购也需要营业执照，偷税漏税必须承担刑事责任。代购者们其实早在 2018 年在海关或者机场就应感受到被严打的寒意。

此外，除了一个“零星小额”的赦免认定标准尚有待明确之外，新电商法还对商家删差评、刷好评、捆绑搭售、大数据杀熟、押金退还等消费者关注的问题做出了颇为详细的规定。例如电子商务平台经营者不得删除消费者对其平台内销售的商品或者提供的服务的评价；电子商务平台经营者应当建立健全信用评价制度，公示信用评价规则，为消费者提供对平台内销售的商品或者提供的服务进行评价的途径，否则可能被处以最高 50 万元的罚款；“大数据杀熟”也被关照：

“电子商务经营者根据消费者的兴趣爱好、消费习惯等特征向其提供商品或者服务的搜索结果的，应当同时向该消费者提供不针对其个人特征的选项，尊重和平等保护消费者合法权益。”

如果说强监管之前的野蛮生长是上半场，新电商法的实施，实质上开启了微商代购的下半场，除了让拥有跨境电商的企业在供应链、规模和信誉方面的优势体现得更为明显，对于真心实意创业、合法合规发财的个人微商或者代购来说，也是一种重塑行业生态的长远利好。毕竟对于消费者来说，也许比以往多出了一点费用，但却节约了辨别真假的时间成本，更省却了很多掉坑里去的烦心事。

五

亚马逊为“傲慢”付出沉重代价

电商传奇，在大多数西方国家像神一样存在的亚马逊，却在中国市场折戟沉沙，饮恨退场。据媒体报道，最晚2019年7月中旬之前，亚马逊将关闭其“一直亏损”的中国国内市场业务，只保留海外商品销售、kindle阅读业务和AWS云等服务。业内外认为，此举表明这一国际电商巨头终于对中国市场的表现失去耐心。不过，站在一个普通电商平台客户的微观角度来看，这个消息并不令人意外，反而觉得来得有些晚。与其说是亚马逊对中国失去耐心，不如说是中国的消费者对亚马逊失去耐心更为准确。

要知道，亚马逊进入中国市场已有近20个年头。大部分消费者第一次对亚马逊有印象大多是在2004年，当时亚马逊作价7500万美元收购中国本土电商卓越网，“卓越亚马逊”开始为国内市场所熟知。但由于“性格傲慢”，对中国市场认知过浅，很快就患了国际巨头的通病——水土不服。这一不服就是20年，最明显不过的表现，莫过于从占据20%左右的电商市场份额，一步步跌到0.6%左右的市场占有率（易观2018年数据）。难以想象，时至今日，亚马逊客服与中国买家之间的联系主要依靠邮件，根本没有卖家或者客服实时答疑，客户首次购买不熟悉的商品全凭勇气与运气。另外，不管是之前的网页版，还是现在的APP，页面设置完全拷贝欧美用户习惯的境外亚马逊风格，国内客户从选购到下单，再到付款，整个流程简直可以用困难重重来形容。迄今，亚马逊仍然首选使用信用卡而非储蓄卡绑定支付，支付宝、微信支付等便捷支付方式也是最近才添加。

在中国市场长期水土不服的根本原因，在于亚马逊在中国的运营方式完全受制于美国总部，不能根据中国市场及时做出改变。脱离中国市场的最直接后果就是来自境外总部的一些决策，可谓“异想天开”。譬如对于各家电商不惜血本、死命必争的快递物流服务，亚马逊曾经“以慢为美”，用一些零星小惠来换取客户配合享受他们两天起步的“慢服务”。其他电商已经向当日达、准时达、一日三送全力发展，而亚马逊的操作着实令人匪夷所思。对于恨不得上午下单，下午拆快递的国内买家来说，送货太慢无疑是一场灾难，凡此种种，不一而足。因而即便后来亚马逊凭借自身作为跨国企业的优势，在国内市场发力“海外购”服务，也一直不温不火，被淘宝、京东、网易考拉等后来者碾压后。

电商鼻祖、市值高峰期破万亿元的亚马逊，可以说完全“凭实力”在中国一步步把自己“作”到今天的地步。亚马逊创始人杰夫·贝佐斯之前在总结亚马逊在中国市场的教训时，承认对中国市场不够激进、投资不足、本土化不充分。尤其是最后一条，可以说切中弊病。不过对于问题的起因并未深刻认知，更无改变。倒是旁观者清的刘强东，曾一语中的说，亚马逊最大的问题在于不信任本土高管团队，总经理长期由从来没有在中国生活过的外国人担任。这样说来，亚马逊进入国内市场20年增速缓慢，一直亏损也是再正常不过。

付出傲慢的代价可能远不止亚马逊一家，互联网中国魔咒，目前鲜有巨头可幸免。Yahoo、MySpace、eBay、Uber等新朋旧友均以失败告终，退出中国市场。不可否认，包括亚马逊在内，这些公司在进入中国市场之前，完全可以说是全球范围内某一互联网细分领域内的霸主与领先者，各家创始人往往更是各大商学院经典案例中的商业奇才，其对商业的本质认知非常人可以望其项背。亚马逊创始人杰夫·贝佐斯就一直将“企业精细化运营是企业的核心竞争力，企业要基于长远去创造更好的客户体验”这一理念奉为圭臬。不过，现在看来，“客户体验”几个字倒是有了几分黑色幽默的意味。另外，判断一家公司企业文化的重要标准之一就是组织结构，亚马逊有着严格的等级制度；严格的等级制度之下，在中国市场沿用传统而刻板的严格管理方式也就不足为奇，展开来又是一个商学院反面经典案例。

另外，类似亚马逊这样一家在很多领域都充满野心且一直在进化的互联网跨国巨头，中国市场的折戟沉沙对其资本市场的估值影响，目前看来可能暂未体现，但不排除亚马逊将来可以一直这么“好运”。若亚马逊能在世界第二大经济体的电商市场，利用率先起跑的优势，牢牢卡住身位，每年不是亏损而是可以贡献不菲的利润，那么资本市场的认可度完全可以更高，享受更高的估值。当然，也可能正是因为资本市场股价的稳健走势一直让亚马逊自身与境外投资者不以为然，认为中国市场只是属于一城一地的得失，即便退出，也无大碍。但对于中国市场的客户来说，这份“傲慢”却是无福消受，更无必要。

不过，从全局来说，亚马逊的存在，起码可以让国内电商“端正”态度，小心提防，消费者最终得实惠，因为竞争更为充分。亚马逊当前做了“逃兵”，国内电商没有了“反面教材”，客户在购物时的比价也缺了一个重要的参照物，对亚马逊也有几分“哀其不幸，怒其不争”的情感。不过，好在亚马逊并未撤出中国市场的kindle阅读业务和AWS云业务，前者目前保持了可以给国内竞品“授课”的水准；后者在国内市场，正与阿里云、金山云等本土云服务商一争高下，希望切勿重蹈覆辙，毕竟，傲慢的代价过于沉重。

六 科技赋能"码商"，"双十一"成全球商业"奥运会"

如今"双十一"，已经从一种年轻人的购物狂欢，完成了社会及文化意义上的进化，它具备节庆的种种特征，有着固定的日期，有约定俗成的形式，年年如期而至，有着鲜明的中国特色，吸引了全民参与，成为老百姓重要的经济活动。从全民参与度、社会动员力、全球影响力来看，能够与之等量齐观的，恐怕只有春节了。而"双十一"更是有样学样，和春节一样形成了晚会传统，每年的"双十一"晚会更是将狂欢氛围推向了高潮。

有趣的是，跟风刷存在感也罢，被"裹挟"也罢，除了"双十一"发明者淘宝自己之外，各大友军电商，乃至传统地面实体销售商，甚至微商，都广泛地参与了"双十一"。他们不但参与，而且愉快地搭上了顺风船，每年"双十一"都获得了不俗的销售业绩。也正是由于线下商场和超市的积极参与，"双十一"不再是一个单纯的网络行为，线下店铺的联动，使得全民都沉浸在购物的狂欢之中。更为令人兴奋的是"环球同此凉热"，全球两百多个国家已被这一狂欢氛围吸引。2017 年的"双十一"，更有过亿的海外用户加入了购物狂欢。这说明"双十一"已有望发展为全球性的"购物节"与商业"奥运会"。相比之下，亚马逊、新蛋、Ebay 等国外传统电商巨头在发展上过于保守、单一、滞缓，甚至可以说呈现落后态势，令人遗憾到错愕。这也是其虽进入国内十余年，却始终不温不火的原因，后两家更是大多数人闻所未闻。据艾瑞咨询的最新数据，在中国电商市场几乎占了全球电商销售的一半的同时，亚马逊中国占中国电商市场的份额还不到1%。

漂亮的销售数据和新兴的电商模式所蕴含的经济力量背后，是对其所反映的社会文化、民生等问题形而上的思考，这一思考已经超越国界。例如"双十一"便捷快速、江浙沪包邮、爆仓越来越少等，就曾在2013年引发俄罗斯民众对本国低效邮政系统强烈抗议和吐槽，痛骂不思进取的本土电商，普京随后下令将邮政CEO撤职。2017年的"双十一"更是有阿里等国内电商自组的快递公司进入俄罗斯等国，实现了国外买家最快一个小时后收货的"夙愿"。全球化就通过这样的"毛细血管"逐步臻于完善，各大网购平台帝国正在用无与伦比的购物体验征服全世界。20世纪末国内"月亮都是国外的圆"的风评，恍若在国外重现。由于互联网技术的发展，中国网络购物提供了世界上最先进、最便捷、最贴近消费者需求的网上购物体验，在这个本就并非复制西方的领域真正实现了"弯道超车"的"后发优势"。与此同时，相关职能部门的工作效率也得到了提升。2014年，国家邮政局就"双十一"期间所发生的物流进行了监测，并发布了备忘录。从2015年开始，各个主要城市的工商局、公安局、网信办等各部门都在"双十一"期间严阵以待，公安更是将其视为与春节同一等级的节庆保障。2017年"双十一"前夕，由北京市工商局牵头，市公安局、商务委、质监局、食药局、网信办、北京海关、北京出入境检验检疫局等8家单位集中约谈了以天猫为首的13家电商，对其进行行政指导。

网络融合了终端数不尽的需求，也收纳了无数个体的归属感，成为新的精神家园。而网络购物更是显示了购物者人人“平等”的要义。万元订单包邮，九块九也包邮，购买时有着完全一样的选购、支付和物流方式，有着相同的评论权利，有着同样的维权通道，理直气壮，何其快哉。千千万万个消费者，用一小单、一小单的购物量堆积出了2018年“双十一”2135亿元的成交额。电商成功的同时，我们也见证了线上线下众多商家，尤其是个体小微商家的勤劳。由于现在他们大多会通过一个二维码来进行收付款，因而又被称为“码商”。当然，二维码的精髓并不只是收钱便利，线下的小微经营者可以借由二维码实现数字化经营，从而获得营销、贷款、理财、保险、赊账进货、经营分析等多维金融科技服务。支付宝更是与福州市政府率先联合举办全国首届天下码商大会，其宣称将为1亿小微经营者提供数字化经营工具，助力其升级。

有金融科技及数字科技平台赋能，码商可以通过“多收多贷”获得网商银行等金融机构提供的贷款；通过“多收多赊”享受到一站式进货与赊购。这解决了小微经营者一直以来困扰于房租、水电、进货资金周转难等经营痛点。更为令人意外的是，2017年底蚂蚁保险推出了“多收多保”服务，线下使用支付宝收钱码收款的小微商家，可免费获得门诊保险。收款越多，保额越高，各种日常医疗的费用都能报销。这也提醒我们，互联网电商的边界现在越来越模糊，一家互联网电商既可以是电子商务平台，也可以是金融科技企业，数字经济企业，生态越来越完善。金融科技、数字经济社会，通过二维码把人们生活中每个点连接起来，收集多种数据，对数据分析和挖掘后，能够了解获得个体的信用资质，然后提供匹配的服务，这个过程的成本远比传统金融机构要低得多。而传统市政机关与金融机构也已经对此有所醒悟，纷纷携手各大电商同时也是金融科技、数字经济巨头，研究智慧城市、大数据服务、金融云等创新领域业务的落地。这也是相关政府职能部门继购物质量、物流速度与安全保障等工作之后的一步升级。

“双十一”呼啸而至，码商百舸争流，无论是不是买家，都应该放下一切与这个时代不再契合的观念，用自己的体验来打量“双十一”，寻找它的意义。

七 阿里扶贫用心良苦

2017 年岁末 12 月的第一天，阿里巴巴合伙人继 2014 年纽交所 IPO 后，3 年内第二次集体公开亮相，目标并非媒体以为的支付宝上市，而是为阿里巴巴脱贫基金启动造势。马云称未来 5 年将投入完全来自于阿里自身的 100 亿元探索“互联网 + 扶贫”新模式，贫困大学生群体、女性脱贫、农产品、环境保护等相关工作由 4 位基金副主席分别认领，此外阿里体系内每个独立公司都会负责一个脱贫项目，半年公布脱贫报告，并邀请观察员监督等，对扶贫可谓关切至深、用心良苦。但在普通人看来，扶贫基本等同于富人穿上晚礼服，在慈善晚宴现场走个红地毯，类似“双十一”发个红包就可以了，但扶贫又哪有这么简单？

扶贫不仅仅是慈善与济贫，就振兴乡村而言，阿里选择了政府看重的扶贫关键，在农村反贫困工作上，有经验更有不少矛盾待解决。目前，在全国已经形成统一劳动力市场的情况下，不同地区的农民都可以在全国劳动力市场上寻找务工机会，为何有的地方会比较富，而有的地方会比较穷？为何有的农户比较富而有的农户会比较穷呢？农村地区贫困人口最为集中，除了自然环境原因、经济原因、政治体制原因外，减贫机制不完善显然是一个重要原因。减贫机制需要一个长期探索的过程，有阿里这样的优秀平台参与进来自然是好事，但过程难免坎坷。

反贫困这些年来，我们对于贫困内涵的认识也在不断深化。贫困作为一种综合的、复杂的社会经济现象，并不只是表现为衣食住行的短缺，也不仅仅只是物质层面的“穷”。贫困问题不只是简单的社会民生问题，实质关乎社会公平正义问题。当前农村的贫困问题的根本与关键，也许并不是收入与就业问题，更非农业问题，而是观念和文化问题，最终是教育问题。这一点阿里早已洞悉。既然是观念和文化问题，就不能在扶贫问题上过于着急，文化的转变需要一个较为长期的过程。否则限于农村人情致贫（某些地区农户超 1/3 收入用于人情开支），因病返贫等问题，在未解决文化与观念之前，外界试图让农民致富则往往是无效的。在接下来的 5 年内，我们更需要关注的是阿里对于社会救助与扶贫策略范式转变的引领，这一意义甚至要超过其投入的 100 亿元。

精准扶贫脱贫，蚂蚁金服和大淘宝显然是排头军。蚂蚁金服通过信贷、保险、支付、征信等服务来服务三农已有时日。新金融打破了传统金融“嫌贫爱富”的窠臼，能够更好服务农村小微企业、农村个体工商户、农村种养殖户。大淘宝的电商资源优势明显，以农村淘宝站点为媒介，帮助优质农产品运出去，品质农资运进来。全国各地的淘宝村 2016 年的统计数据是 832 个国家级贫困县在阿里零售平台上，完成了近 300 亿元的销售，让绿水青山同时以金山银山的面目出现。这不只是十九大精神的靠谱体现，也是对一直以来脱实向虚这一金融服务世界性难题解决的助力。

意义更为深远的是，阿里这些互联网平台在深刻改变商业面貌和贫困百姓生活的同时，其理念不可避免地会渗透到社会公共服务或政务领域中来。从政务收费窗口摆出支付宝或微信支付的二维码开始，政府职能部门有望积极接受新技术，提升公共治理能力，更好地服务实体与贫困区域。

八 无人零售市场带来的失业率不足为虑

2017 年 7 月，阿里推出的无人零售商店引人注目，顾客打开淘宝或者支付宝客户端扫码进店，选购商品后可在手机后台完成扣款。在阿里宣布首家阿里无人零售实体店于 2017 年年底在杭州落成之前，上海、深圳等城市地铁站附近，缤果盒子等无人便利店的身影早已开始涌现。除扫码支付外，欧尚、沃尔玛等大型超市也开始推出自助结算通道。显然，比无现金支付还要更进一步，更“炫酷”的无人零售市场正在向我们靠近。

不过，与无人零售商店一并引发侧目的还有“是否会降低就业率”的讨论。在我们这样一个就业向来都是头等大事的社会主推“无人”概念，这一担忧并非多虑。对此，马云做出了“不是说要让所有商店都没有售货员，而是给业界一个信号、一些灵感，唤醒零售行业的思考”的相对低调的表述。阿里同时表示失业率上升的担忧不足为虑，阿里认为虽然无人零售的发展将使得超市收银员等前台机械岗位被替换，但同时会催生智能化的后台新工种，如智能物流管理员、智能仓库拣货员、数据分析师等，并以公交车从一开始的售票员人工售票升级到后来的乘客使用公交卡自助刷卡，并没有造成交通系统大多数人失业为例。

站在无人零售元年的高度，观人工智能大潮的冲击一浪接一浪，不能不承认无人零售带来的好处实实在在。无人零售发展将推动节约劳动力型的技术进步，对于劳动生产率的提高、社会经济发展无疑具有巨大的推动作用。其最关键的一步是将商品标签化，在实现自主购物和自助结算的同时，形成和收集了精确度极高的零售大数据。在此基础上，无人零售连接了线下购物在电子世界的映射，形成有价值的消费数据，在提升商家运营精细度和盈利水平的同时，为消费者提供个性化和定制化的用户体验。随着智能转型升级的步伐不断加快，无人零售降低了传统成本，并提升了客户体验和商超毛利率。另外，无人零售的技术应用与运营思路对于零售等行业的持续发展起到了积极推动作用，催生智能物流员、数据分析师等新工种。在技术足够成熟的情况下，将来在家远程上班的店员也许会越来越常见。

相关政策制定与公共服务部门也许早已洞悉了这一点。从国务院印发的《关于推动实体零售创新转型的意见》等条文来看，政策支持无人零售，建立新消费理念。并明确在新的消费理念下，新的零售时代下，新的生态系统中，实体零售企业应当创新转型。随着更多的行业标准和监管措施陆续出台，也将规范无人零售市场的健康发展，有助于在零售市场中建立新消费理念。毕竟，技术进步意味着单位成本的降低，可以扩大资金积累的规模，刺激消费需求，殊途同归，非但不会降低就业率，反而有望增加总就业容量。另外，是否我们不搞无人售货，售货员这一岗位就能长时间存在？显然不是。在天猫、京东等电商多年来消费习惯的引领下，我们进超市、实体店采购商品的频率越来越低，这些电商在压抑了线下商家对售货员需求的同时，却又因需要准时准点送货上门，带动了快递行业的升级与兴盛。

因而，相比无人零售市场带来的失业率上升的顾虑，无人零售实体店铺寻址，如何寻找更大客流量、拓展更复杂的商业场景等，恐怕是更加现实的问题。

九 为东方航空的契约精神点赞

2018年“双十一”过去不久，央企、A股上市公司东方航空送出了一个大彩蛋。17日凌晨其官方APP、网站疑似发生故障，部分机票折扣幅度达0.4折，部分航线头等舱300元左右，给了不少人体验人生第一次头等舱的机会。随后，东方航空官方回应，该时间段票价异常是因为系统维护时参数异常之故，但包括一次购入数十张票的顾客在内，所有支付成功并已出票的机票均为有效，并将从该批购票旅客中选取代表，参加2018年11月30日东航集成新一代旅客服务系统的全新A350接机仪式。

国内稍具网络购物经验的客户，应当知道商家当中类似东方航空这一决定其实很难得，彩票中奖般以“漏洞价”“捡皮夹子”的人不少，但最后真能拿到货品的人不多。商家能退一赔一，给个安慰购彩的2元钱已算有良知，更多的是以系统故障，或是缺货为借口，直接单方面取消订单，甚至在官网根本就查询不到此订单记录。面对不满又敢于认真维权的客户，甚至都不用企业法律顾问以“远低于市场价”“显示公平”“重大误解”等理由出马，直接提醒客户邮件仅确认已收到订单，只有发出送货确认的邮件，通知已将产品发出，订购合同才成立。商家的纠错成本只是再发一次网站邮件，称商品无法发出，定金将退还。

我们发现此类事件当中，首先恐慌的是顾客，害怕商家不认账，商家倒是很从容。本次在东航回应之前，以“白菜价”购得机票的顾客当中，内心深处对机票生效真正抱指望的可能并不多，其中一次性买十几张票的顾客，坦白说就是指望东航能多赔付点票价就行，没想到东方航空这次用上海话说，当了一回“模子”（做人做事到位、让人赞叹与敬佩）。虽然不少人可能对卖家拒不履行合同义务构成违约，应承担违约责任存在执念，但是实际生活不是书本，商家顾客立于不同的角度，基于不同的商品金额，得出的结论很可能迥异，能够真正有心、有闲暇去较这个真，最终得偿所愿的顾客还是少数。如果这次不是东方航空，而是某一机票代售点出现了这种失误，后果不难推断。

像东方航空这类上市公司，企业御用律师打起这种商家认为显示公平、存在重大误解的官司，可谓手到擒来，此时也是企业花费常年律师费体现律师作用的时刻，此前也不乏成功先例。虽然目前其最终损失尚未统计得出，但东方航空这次“模子”当得不亏，效果强于大部分广告或者软文，全新 A350 接机仪式这样的传统冷门新闻也随之进入全国人民的视线。更为关键的是，这次“事故”发生在其自身官方网站、APP，没有比此事对企业更好的宣传，包括这次“捡皮夹子”的顾客在内，更多的客户会熟悉这一直销渠道，在购票时会尝试这一直销渠道，而非传统的携程、去哪儿网等三方机票分销渠道，东方航空付出的是这次的损失，长远看赢得的是节约下来的分销费用。更不用提作为上市公司与央企，带头对于契约精神、诚信原则的尊崇。这是一种企业运营与管理智慧的体现。

当前，电子商务的发展虽然进入相对成熟的时期，但一些有违平等、公平、诚信等交易原则的行为依然大量存在。在消费者不断提高自身的权利意识，敢于、善于通过有效途径维护自身合法权益的同时，更需要市场自身不断修正、完善，也需要负有相应管理义务的平台企业、行业组织、管理机构充分履行义务和职责，共同推动公平、诚信的交易环境的创建。换句话说，就是需要越来越多的“模子”。

Chapter 6
第六章

追踪市场热点，这些大事你要知道

第六章 Chapter 6

在一片质疑声中上市的拼多多，被认为是当前社会消费降级的标志之一；一些自媒体靠“黑公关”获取高额利益，有的甚至年收数千万元“保护费”；业绩滑坡的光明乳业何日再登光明顶。一系列社会及经济热点，或多或少均与我们每个人有着直接或间接的关系，如果不关心，你有可能被时代抛弃。

一 消费是升是降，可能是个哲学问题

2019 年元旦假期，笔者接待了一位老家亲戚，问了下其子女在内地四线小城读大学的生活费情况，答曰 1500 元一个月，同学大多也是这个水准。想来若干年前我在上海读研，10 元钱一天就可保饿不死的校园生活，看来是不复存在了。同样，毕业后的年轻人，也面临着比前辈们更大的经济压力，尤其是漂泊在北上广深等一线都市，不仅房价高、物价贵的问题需要直面。老家虽安稳，可即便天赋异禀，想想也没什么好机会可以轮到家境平平的自己，情愿留在大城市吃苦，挣那一份小地方觉得匪夷所思的高收入等那一个不嫌弃自己出身的发展机会。

但既选择了吃苦，难免就要压缩享受的空间，吃个自助餐不一定

会广而告之，觉得矫情；但难得买包榨菜配方便面一定会发朋友圈“纾困”自嘲，因而从这个角度去看，“消费降级”的风起也就不难理解。爱自嗨也爱自黑之余，毋庸置疑，实际购买力上，如今的年轻人要比前辈们大太多。他们一边调侃消费降级让自己生活得艰难，一边每天又喝着标价 33 元一杯的星巴克咖啡，维持着前辈们觉得“不解”与“奢侈”的生活体验。

2018 年年中，在一片质疑声中上市的拼多多，曾被认为是当前社会消费降级的标志之一。部分持消费降级论的朋友甚至有疑问，上拼多多买东西的客户，凭什么还在乎质量？这显然对大部分客户群体来说并不公平，我们买东西的同时主张性价比，注重品质难道就成了奢望？对此有切肤之痛的拼多多显然深谙此意，据悉，其已在 2018 年 12 月出台“新品牌计划”，通过扶持千余家覆盖各行业的优秀工厂品牌，这些工厂大多原是一些一二线品牌的代工方，帮助这些中小微制造企业更有效触达消费者终端市场，以最低成本培育品牌。踉跄起步，日渐企稳的消费降级“吉祥物”拼多多竟然首先反水，这让消费降级论的言之凿凿不禁令人莞尔。

再者，在不明确用户群体的前提下，单独讨论消费降级或升级，显然没有任何意义。必须承认，包括一二线城市的“五环外”，三四线小城市以及广袤的农村地区用户在内，他们也渴望便捷丰富的购物体验，这与他们更在乎低价、性价比并不矛盾。对这一类用户来说，他人眼中的消费降级，却是其来之不易的消费升级。横看成岭侧成峰，消费升级、降级不如用分级更为贴切。而满足人的多面性，不是用模式化去限制价格敏感用户，可能才是消费分级的最佳解释。当电商发展到一定的高度之后，开始反哺线上客户、反哺线下实体经济体的时候，既是社会责任，也是其突破瓶颈期的管理哲学要义。

在消费心理多元化对固有观念的冲击下，不一定能看到真的消费能力下降，但我们可以看到诸多新变化。炫耀性消费、腐败性消费被主动摒弃，部分高档餐饮娱乐消费萎缩，这显然不能算作消费降级；消费重心正在从传统消费转向新兴消费，从商品消费转向服务消费，导致部分“过气”商品出现质价同降；另外，随着社会经济发展与居民财富积累，金融消费快速发展，消费者获得了在财富保值增值、金融衍生品消费、场景消费上的更大主动权，当然，也蕴含着更大的风险。管中窥豹，宏观上是居民的消费结构发生了变化，生活必需品消费逐渐走低，但在教育、文化、娱乐服务等方面的支出整体上升；微观上是我们进入了一个消费更加多元化的时代，地区的差异、收入的差异，甚至同一消费者对不同领域产品认知的差异，都导致消费需求更加个性化，因此高性价比的产品和高端产品同样能在市场占据一席之地。

这或许会给企业带来一些启发：我们的消费市场还有很大潜力，只要能够找到市场的空白点，准确找到消费者的需求，就能拥有市场为了将更多的收入用于满足社交、休闲、健康、育儿等发展型或较高层次的消费，人们会在吃、穿、用等基本消费方面更加看重内在品质，选择更为实惠的商品和服务，而不是一味追求名牌、买贵比阔。某些价格虚高的低性价比消费活动支出减少并不是消费降级，恰恰是消费结构优化和消费观念升级的表现。再如共享经济、二手经济、拼团、砍价带来的相对廉价的商品和服务，事实上都是通过丰富供给形式来满足多样化消费需求，表面上的消费降级却正在通过创新模式、提高效率、降低成本、方便顾客来促进消费质量和顾客体验提升，为消费升级创造条件，完成了“降即是升”的哲学演变。

不过，对于消费升级、降级的判断，尽管可以见仁见智，但当下经济运行中一些影响大众生活水平提升的问题和趋势应引起绝大多数人的重视。例如尽管 2018 年房地产调控取得前所未有的实质性成效，房价只涨不跌的“神话”预期从根本上得到逆转。但 2018 年全年，居民消费价格（CPI）同比涨幅已经 5 次在 2% 以上，食品类重回领涨位势。房价好不容易稳住，其他的物价一旦起来，尤其是与民生息息相关的食、医、住、教几类涨幅较高的话，普通家庭的成本性支出增加，消费性支出只能被动减少。这些也能从习近平总书记 2019 年新年致辞里感受到关切，对于广义消费者而言，“脱贫攻坚战 + 乡村振兴”、住房长效机制、稳定的金融市场、有效的降低税费、完善的社会保障体系将发挥决定性作用。

二

自媒体黑公关需惩治与抵制并重

新华社等媒体记者在2018年11月通过调查发现，一些自媒体靠“黑公关”获取高额利益，有的一年能收数千万元“保护费”。这解答了本人作为一名关切房产的刚需置换客的某些疑问。本人在关注了一堆相关公众号，给自媒体贡献了不少广告流量的同时，经常发现公众号前脚发的一个负面爆料，后脚点开就是“该内容已被发布者删除”；更有甚者，同样一个楼盘，前几条介绍看了令人连呼是坑，避之不及，后一条竟然开始天花乱坠的推荐，令人不禁有精神分裂之惑。更不用提一些关注点比较市侩的朋友在分享某些微信文章时快如闪电、不假思索，但这些文章的耸人听闻说法并无多少依据。以至于现在对标题带一个以上感叹号的文章已经自动生厌。

往往有反常的事件有新闻性，“坏消息才是消息”。在这种情况下，各种新闻媒介竞相报道、转载各种负面新闻，使得企业危机隐患被触发的概率大大增加，企业的危机防范显得尤为困难。黑公关通过编造和传播负面信息，操纵舆论、损害特定公关主体声誉和形象。加上互联网独有的病毒式传播、匿名形式、海量转发等特点，使黑公关的受害者面临品牌和形象上的巨大损失。

互联网和搜索引擎的存在，使得各种组织和个人几乎没有什么秘密可言，微信、头条号、微博等交互性更强的社交媒体方式的更新更是打破了原来的信息壁垒。尤其是立足于前者的公众号，动辄“10万+”的几何级传播效应，早已超越传统纸质媒体的“臂展”，无不令当事者心惊胆战。而黑公关的迅速发展与这些自媒体公关时代的到来有极大关联，实质是自媒体的异化，即黑公关的操纵者采取有预谋的方式，针对自媒体的传播特点布局舆论攻势，以攻击竞争对手为主要目标，降低对手的社会评价，从而赢得竞争，这种方法明显突破了公序良俗的底线。这当中下至普通路人，上至大名鼎鼎的巨无霸企业，均可能成为被伤害的对象。譬如2017年引发媒体广泛关注的“701计划”，百度百科记录，包括阿里、苏宁、滴滴等名企在内都遭遇过北京某公关公司组织的谣言攻击，该公关依靠背后金主，通过自建写手队伍、购买外部大V、找商业智库“背书”、在各网络社交平台注册、组织数万水军，制造并迅速扩散黑文，达到操控网络舆论的效果。如果说之前黑公关基本是口水活，“701”之后已经呈现模式化，成熟化操作，达到了影响和操控舆论的效果。360水滴直播黑公关事件，腾讯和今日头条互相宣称遭遇黑公关事件，摩拜和OFO黑公关事件，纷纷上演，到2018年10月25日汽车工业领域吉利和长城汽车互指黑公关，人们发现，黑公关从互联网行业向传统行业蔓延爆发。

根据新华社记者的调查，这种黑公关通常抱着“拿人钱财，替人消灾”的态度，以雇佣网络水军、网络推手制造新闻事件、歪曲事实等方式，操控舆论，从而达到诋毁委托方竞争对手的目的，黑公关也以其独有的快速得利的特征得到了很多企业的青睐，甚至足以引发“雇主”价值观的变异，误以为黑公关可以被当成“地面作战部队”，可堪大用。自己提升不了的销售业绩，让公关去完成；增加不了的销售业绩，让公关通过攻击竞品，拉拽竞品，给对方添堵来完成。这显然已经是一个企业的管理问题，更是运营境界问题。公关虽然重要，但不能本末倒置。

理论上，任何个体和组织都只能作为平等的个体参与信息的传播和分享，而不可能拥有网络的“话语垄断权”。企业进行危机公关时，不能利用资源控制优势阻断或减少其他个体和组织传播信息的渠道。但当非法公关行为收益大于违法或违背道德的成本时，网络公关异化就会出现。追溯至互联网技术出现以前，抹黑竞争对手与消除负面信息的做法本身就是市场竞争的一部分。趋利避害成为部分企业与个人的迫切愿望，也转化为网络黑公关巨大的市场需求。一方面是制造竞争对手的负面信息的市场，一方面是消除有关自身的不利信息的市场。这给黑公关“一鱼两吃”创造了条件，形成对竞争对手的不利舆论与迫切需要删除有关自身的负面信息，这两种需求催生出一个巨大的网络黑公关市场。

当然，更为重要的是自媒体黑公关的运营成本低廉。并无技术成本与财务成本，进入门槛只需一张身份证，关了还能另外再开，只需简单步骤即可进行信息发布。劳动力成本低，以往雇佣的网络水军多是低收入人群，所需支付的劳务成本也相对较低；现在更是只需标题多加几个感叹号，多蹭热点多转发。即便现阶段各大媒介设置了对于包含敏感信息的审查，公关人员也可通过对内容的处理成功躲避。

法律风险是我们关注的另外一个重点，黑公关背后隐藏着如此巨大的灰色利益链条，但现行的法律界限却相当模糊。自媒体黑公关的操作手法隐蔽，擅长游走在非法与合法边缘，大号、小号、备用号、粉丝微信群互相配合娴熟，使得自媒体黑公关之迅速发芽、滋长、横行。一旦它发展到某种规模，就要受到极为严格的监督和控制，否则就有可能使舆论主体难以明辨、舆论走向难以控制，被黑主体无法有效保护自己的形象与品牌，更重要的是这样的自媒体与互联网本质相违。

当前的经济形势下，无论行业大佬或者后进者，企业生存本已不易，若再遇自媒体黑公关来添堵，的确闹心。一些别有用心的企业企图利用商业运营、技术创新之外的黑手段来弯道超车，必须受到惩罚。公媒体、自媒体，凡是媒体，均应遵守一条共同的底线：公众需要公正诚实的报道。当然，媒体的质量与效用，不仅仅取决于法律或者监管，还取决于公众需要什么和相信什么。从这个角度来说，监管惩治自媒体黑公关，读者必要自觉抵制自媒体黑公关。

三 业绩滑坡的光明乳业何日再登光明顶

2018 年 10 月底，沪市上市公司光明乳业公布 2018 年三季度报，业绩下滑明显，管理层（董事、副总、财务总监）集体辞职，受到业内关注。从 2018 年 3 月至今，光明乳业股价已腰斩，市值约缩水 90 亿，这当中有市场颓势原因，但问题主要在于上市公司自身，业绩因素容易被资本市场传导放大，形成对股价的致命一击，三季报披露当天以近乎跌停价开盘，收盘跌幅近 5 个点便是明证。2018 年的中报期间，光明乳业董事长、总经理相继辞职，势必容易引发外界对其间新上任的董事长乳业“外行”出身的聚焦。毕竟上海乃至别地的客户，对光明这个牌子的感情可能只有自己才会理解。莫斯利安与优倍等品种的价格在同类别牛奶里面实在不能算便宜，不少主妇需要在超市做一番比较之后才能下定决心。对其股票的中小投资者来说，更是倒吸一口冷气，管理层走马灯起码不能算好消息。而对于机构投资者来说，前十大股东当下均有不小的浮亏。

比较更容易说明问题。梳理 2018 年沪深两市 12 家乳企披露完毕的三季报，9 家企业本年前三季度的经营收入较上年同期增加，7 家企业净赢利增加。其中贝因美、香飘飘、天润乳业、三元股份业绩增加较多。另据 Wind 数据，2018 年前三季度，在营收规划及赢利水平方面，虽然伊利股份和光明乳业继续保持领先地位，但这两大巨头业绩显然增速乏力，疲态尽显。前者的净赢利同比仅微增 2.36%；而后者净赢利下滑更达 15.92%。这说明在国内乳业市场，大有后来者居上的态势，传统巨头可能对此已有警觉，但尚未见强有力的行动。

众所周知，受三聚氰胺带来的食品安全问题冲击，叠加进口牛乳的抢滩掠地，国内乳品行业随之不景气好几年，近年方开始回暖。同时，随着国家相关职能部门不断加强监督、检查和抽检力度，食品安全问题得到改善，一些有问题的中小型乳企退出市场，行业集中度和规范度均进一步提升。应当说中国乳业已经走过了企业众多但质量参差不齐、乱象丛生的发展阶段。龙头企业的销售也不断向三四线城市和农村市场渗透，进一步挤压中小型乳企的生存空间，未来乳业必将呈现出龙头企业市场份额不断上升、行业市场集中度不断增加的态势。

同时，随着人们生活水平的不断提高，高品质乳制品的需求增加，乳制品行业未来的市场容量较为可观。从行业周期上来看，乳制品行业未来在较长一段时间内仍然处于稳步增长期。从价格来看，受国际原奶价格上涨带动，乳制品均价增速触底回升明显。未来乳制品行业收入的增长仍将由乳制品平均单价提升所贡献，价格增长的空间主要来自行业提价和结构提价两个方面。叠加二胎政策甚至计生政策进一步的放开，应当说乳制品行业发展的大环境，已经不能被业绩滑坡的相关上市公司拿来作为遮羞布。

各大乳业巨头在保证乳源质量和生产过程安全的前提下，必须要考虑到差异化竞争，融合创新新零售元素等。一招鲜吃遍天毕竟不保险，高毛利的莫斯利安酸奶等传统拳头品种被各家竞品“围剿”，便是光明乳业业绩下滑的主要原因之一。另外，我国目前绝大部分乳制品为牛奶及牛奶制品，而营养丰富、特色明显的豆奶，销售额增长较快。以往客户群主要集中在华南地区，近年来有逐渐向华东及中西部地区推广的趋势，这一领域能否同样占据先机也是对光明等巨头乳企的考验。

光明乳业上市之初就引入股权激励，而且是2008年后上海市国资企业股权激励试点改革的第一家国有企业，身上背负了国有股东的厚望。同时，一直以来也是老百姓尤其是上海本地客户心目中的良心企业，无论企业管理层或是上市公司的投资者，均不希望看到其持续滑坡掉队，唯盼早日再登光明顶。

四 外部纾困也需民企自身争气

俗话说："大家好才是真的好。"中国经济的好，离不开民营企业的好，一段时间以来，民企越来越困难的窘境却也为整个社会所感知。从中央到地方，各界纾困民企的行动持续进行中，并逐渐从政策层面转入实操阶段。其中证券行业无疑动作最快。沪深交易所第一时间发行数十亿元的专项纾困债。共有 11 家证券公司所设立的 11 只证券行业支持民企发展系列资产管理计划在中国证券投资基金业协会完成备案，成立规模超 200 亿元。地方政府紧随其后，北京、深圳、上海、浙江、四川及广东等地十余个省市政府纷纷出台纾困举措。在关键的资金上对符合条件的企业确保不抽贷、不压贷、不断贷，同时设立规模十亿到百亿元不等的上市公司稳健发展支持基金。除了资金支持，多地政府从税收、成本、营商环境方面也将推出新举措。

据《新京报》报道，2018 年 11 月 14 日，海淀区国资委已与江苏银行北京分行签署战略合作协议，向融资难民营企业发放贷款，为民营企业纾困。签约当天下午，江苏银行北京分行向海淀区上市公司博天环境发放了战略合作协议框架下的首笔贷款 5000 万元，对博天环境的另外 5000 万元贷款也将随后发放。双方还就增加区属国企授信贷款、合作设立协同发展基金等事宜进行了洽谈并达成初步合作意向。出人意料的是，数日后，博天环境发布减持公告，三位大股东拟清仓式减持1.26亿股，占总股本31.35%。这令市场一片错愕和不满。资本市场的反应向来立竿见影，原本涨势较好的博天环境当天一字跌停。

外部出钱出力、想方设法在为企业纾困，企业自己股东却清仓套现，这无疑会引发市场热议。上交所向博天环境急发问询函，就公司所获纾困资金情况、三家股东减持股份的主要考虑和控股股东减持意愿等问题，要求公司及相关方一一核实并明确作答。博天环境在随后的公告中一一做了回复，并就减持计划做了补充公告，三家创投机构股东表示，其所披露的减持公司股份计划系其作为市场化的基金，尊重基金相关管理规定，按照《上市公司股东、董监高减持股份的若干规定》的相关规定进行的程序公告，同时承诺在6个月内不在二级市场通过集中竞价和大宗交易实施减持。一定程度上回应了市场对其“清仓式”减持的顾虑，尽量减少对公司二级市场价格的冲击。但市场并非没有记忆，2018年年初至2018年11月，博天环境的减持公告便已经不断。2月、3月、9月、11月等时间段内，前十大股东内约半数股东均发布了计划减持公告，其中尤以本次“清仓式”减持最为引人侧目，选择时间点更是令人心寒，急于套现已经到了顾不上吃相的地步。

这其中固然有减持股东性质属于创投机构，建仓成本低，持股时间均在IPO前（博天环境上市约一年半，发行价6.74元，11月20日收盘价16.29元）的原因。但仍然反映出民企股东自身对企业发展与二级市场信心的缺失，不然完全可以选择一个更好的时间点来减持，获利将更为丰厚，起码不会选择“清仓式”减持。

随着民企的资金支持与政策倾斜已经越来越详细具体，直指民营企业痛点，实操性越来越强；随着各种措施落地，民营经济整体困难将得到缓解，状况得以改观，并终将反映在宏观经济增速和发展质量层面。民企上市公司作为民营企业的佼佼者，更应用实际行动与发展回报外界真金白银支援纾困的举动，而不是选择在接受纾困资金同时用“清仓”式减持“回报”，用通俗的话来说，外界帮助的同时，自己也得争气。

五 长三角一体化可从地铁互联互通开始

据新华网报道，2018 年 12 月 1 日起，沪杭甬（宁波市简称）三城地铁交通刷码过闸的互联互通正式启动，同一个 APP，可以刷乘上海、杭州、宁波三个城市的地铁而畅通无阻，适用城市今后仍呈扩大之势，2018 年年底，南京、合肥等其他长三角区域城市也会加入。这说明长三角交通一体化走在了前端。当然，跨区域扫码政策、技术趋于成熟，是其落地的前提。

长三角三省一市，拥有 35.9 万平方公里土地，2 亿人口，19 万亿元 GDP。“一体化”三个字的背后，包含诸多所指，第一是生产力一体化。而生产力一体化首先是规划一体化，多规合一的空间规划不可少；第二是交通一体化，省际断头路这种煞风景断不可有；第三是市场一体化，城市间产业分工合作说起来简单，但实际运作容易产生利益纠葛；第四是生态环保一体化，统一各城市污染治理和生态修复的规划、标准、监测、执法等工作也是硬骨头。诸多要素，抓手必不可少。此刻长三角地铁互认二维码可算交通一体化的关键之举，亦可以视为长三角生产力一体化的先锋。众所周知，进入移动互联网时代以来，基于手机这块当下最为普遍的互联网终端，每一款“杀手级”的应用出现与某一款重要民生应用的改观，无疑是最能引人注目与实际转化为生产力的。此刻，支付宝这样的数字科技平台的重要性开始凸显，没有这样的平台提供技术作为科技支撑，改变也就无从谈起，或者仅仅是只能停留在相关职能部门的设想层面。

在中国选一片最有活力、开放程度最高、创新能力最强的区域，大部分人肯定要投长三角地区一票。其中更是不乏很多小城市争当上海“后花园”、杭州“后花园”；而在上海、杭州工作的白领、蓝领，选择周边小城市买房安家“两栖”也是屡见不鲜。跨城通勤、就医、就读等需求产生也就自然而然。随着人和资源充分流动互融，人们对公共交通一体化的诉求也越来越强烈。根据《长江三角洲城市群发展规划》报告整理，在长三角城市群所覆盖的26座城市中，有大约七成的城市已支持刷码乘车，包括上海、杭州、南京、合肥等长三角城市群主要城市。此刻，依靠类似支付宝等数字科技平台与长三角城市群的合作，用户一个手机一次注册就能在三城坐地铁，不需要反复买卡、安装新的APP，一个二维码三地扫码进站，相当于有了一张长三角地铁通票。这样做可谓实现各方多赢，支付宝等平台增加了老用户黏性，新客户流量暴增；政府公共职能部门节约了资源，各城市的硬件设备、票务等系统都无须改造，同时赢得百姓好评。用户得便利，得实惠，往往平台推广期还有折扣与优惠。

有数据表明，当前长三角城市低碳出行智慧程度整体最高，无论是接入车次密度还是线路运营长度皆在全国排名第一。同时在长三角之外，国内也已有其他多个城市公共交通支持通过支付宝等平台刷码乘坐公交、地铁。从技术和实践看，中国可谓已经成为全球首个普及扫码乘车的国家。显然，长三角城市群智慧出行对全国带动和引领作用明显。而通过以移动支付为切口，用数字化的解决方案，支付宝等数字科技平台让单个城市智慧出行从点到网，使得长三角区域这个城际人口流动最活跃的地区，交通出行更为畅通和便利，可谓做出了很好的示范。

更为重要的是，长三角多城市地铁的成功互联互通，让人们看到了这一模式从交通单一领域扩展到政务、医疗等领域的可能性。长三角全面一体化或将由此而发轫，一发而不可收。诸如网上缴纳水电气费用，手机“刷脸”办理社保、医疗挂号乃至公积金等。让过往去各办事大厅排长队，体验寄托于相关人员的道德水准；退休老人哪怕卧病在床，也得本人跑一趟人社大厅去进行相关认证等“心累”场景不再。支付宝等数字科技平台在民生领域的探索已开始多年，向数据技术输出转型也是当前这种类型的互联网科技头部平台公司的普遍视野与未来成长的长期驱动力，既然其一直乐意拿出来无偿共享，身体力行“普惠”与“陪伴”，我们也就没有理由拒绝用在为市民提供便捷服务与美好生活方式之上。

不论长三角，还是其他区域的一体化，其发展过程中的经验与人文体验，最终有望成为改变整个国家生产、生活方式的强大动力。但在客户对公共政务的感知与褒贬，支付宝等科技平台的自行研发之外，一体化终究是制度化的活动，需要制度创新的支持。这显然需要相关职能部门乃至顶层制度设计，需要制度规范、政策引导，以多方参与、市场运作为导向，带动制度、政策、工具、服务的系统性、创新性安排，尽早提供行之有效的组织体系、市场体系、扶持体系和服务体系。充分运用财政、金融等手段支持一体化过程当中出现的创新和发展，最终为市民提供便捷服务与美好生活方式，地铁互联互通不失为一个好的开端。

六

发改委推新举措，打通落户“最后一公里”

城镇化进程过半，再传催促声。2019 年 6 月，国家发改委表示，要打通在城镇稳定就业居住 5 年以上和举家迁徙的农业转移人口等重点群体的落户通道，积极推进建档立卡农村贫困人口落户，允许租赁房屋的常住人口在城市公共户口落户，确保有意愿、有能力、有条件的农业转移人口在城市应落尽落、便捷落户。这对在城市租房的常住人口，包括部分农民工群体来说，城市的落户大门即将敞开。

时至今日，各地“抢人”大战早已不算新闻。其中大多还是需要一处自购房或者投靠当地亲属，如今提倡租房可以落户，可谓解决了落户意向群体对于“最后一公里”的忧虑。其实，近两年有关“租售同权”的呼声一直不断。此前，广州就承租人子女就近入学提出“租购同权”，随后郑州、扬州、济南等多个城市先后颁布类似举措，将租赁房屋纳入“合法稳定住所”范畴成为大势所趋。租房落户其实已有吃螃蟹者——三线城市无锡此前出台新修订的《户籍准入登记规定》，宣布外地居民只需要满足一定条件，可以实现租房落户，引发社会关注。租房能落户，可谓从根本上肯定了租售同权的合理性，也支撑了实际操作性。随着发改委对进一步深化户籍制度改革的表态，可以预见将会有更多城市跟进同类政策。

《2018 年国民经济和社会发展统计公报》显示，2018 年年末中国常住人口城镇化率为59.58%，户籍人口城镇化率为43.37%。城镇化加速进程中，2019年4月，国家发展改革委官网发布《2019年新型城镇化建设重点任务》。这份通知指出，要继续加大户籍制度改革力度，在此前城区常住人口100万以下的中小城市和小城镇已陆续取消落户限制的基础上，城区常住人口100万~300万的Ⅱ型大城市要全面取消落户限制；城区常住人口300万~500万的Ⅰ型大城市要全面放开放宽落户条件，并全面取消重点群体落户限制。对于超大特大城市，通知指出要调整完善积分落户政策，大幅增加落户规模、精简积分项目，确保社保缴纳年限和居住年限分数占主要比例。城市政府要探索采取差别化精准化落户政策，积极推进建档立卡农村贫困人口落户。这一迄今以来最为细致的方案，让意向群体感受到了政策的诚意，家庭成员内部也会认真对待起来。

众所周知，户籍制度改革的难点一直在于地方政府的态度。毕竟提供公共服务需要地方财政的真金白银来支撑。城市化之后公共服务也要均等化，所以对于流动人口成为城市市民，一直是非常慎重的。其实不管是对高校毕业生落户“零门槛”政策的人才争夺，还是稳定就业的农民工群体，城市让有稳定就业的居民落户，并不是亏本的买卖。外来人口对城市新增的基础设施、土地出让金与房市繁荣、商业繁荣带来的流转税收入等方面的贡献无法估量。即使单纯从财政考虑，提高户籍人口城市化率也是有收益的。

以无锡等地为例，离退休职工绝大多数都是户籍人口，但社保缴费职工中却有超过20%的非户籍人口。考虑到户籍人口老龄化显著的特点，退休职工数增速超过在职职工，吸纳流动人口参保缴费将极大地减轻无锡财政的负担。同时，城市为流动人口提供的公共服务成本并不高，部分城市仅需向入户人口的随迁子女提供义务教育，每人每年的财政支出不足万元。其实，即便对于落户放开难度较大的一线城市，对于持有居住证的未落户常住人口，政府提供的基本公共服务也有全覆盖的义务。

同时，租房落户、租售同权的做法，还可以打破传统土地市场的定价规则，有望通过平抑地价、增加租赁住房供给的方式，缓解市场供求矛盾，以“釜底抽薪”的方式来落实“房子是用来住的，不是用来炒的”的精神。此刻，国家发改委对租房落户的强调，可谓打通落户“最后一公里”的最强音。

七 成本陡增，共享单车已经快骑不起了

天气一好，单车出行开始走俏，对已经被共享单车培育出出行习惯的客户来说，最近两年开始出现扫码四顾心茫然的感觉。以当前最常见的共享单车红（摩拜）蓝（哈啰）阵营来说，摩拜季卡不打折得近百元，再怎么优惠组合，也得200多元一年，足够买一辆新车。哈啰单车月卡、季卡更贵，单次用车（半小时内）更是从1元涨到1.5元，客户成本陡增50%。于是，一边在小黄车（OFO）排队退押金，一边找其他共享单车的优惠，成为用户的常态。难道共享单车已经喜迎“收割期”？

从共享单车群雄并起，早期制约共享单车行业发展的最大瓶颈在于“颜色不够用”，再到大城市共享单车“坟场”图片被曝光，成千上万辆各色单车废弃现状触目惊心，共享单车市场似乎突然进入饱和状态，“共享”成为“公害”，不过短短数年，红蓝阵营可谓从商战“死人堆里爬出来”的枭雄。按理说，现在开始进入“收割期”，也可理解，背后的各路资本投下去，一路煎熬，都在等着这一天。但与共享单车“共享降低成本”的出发点相对比，不禁令人哑然失笑。同时，企业选择的方法虽然最直接，但也恰恰是最不合理、吃相也是最难看的一种做法，即直接向最广泛的刚需用户加价，而非通过广告投放、替各平台导流等赚取费用，替用户降低成本。这也说明迄今为

止，除了颜色，各共享单车平台仍无能力或者无暇顾及产品核心竞争力的培养。这一同质化竞争，如同当初尽可能多地投放单车抢占市场份额一样，除了加价，别无他法。目前来看，共享单车头部平台缺乏创新动力来降低用户使用成本，价格收割仍有互相攀比、愈加剧烈之势。这是要把用户往自己买单车的路上逼，倘若最终又是回归共享单车出现之前，私家自行车乱停乱放，共享单车坟场再添新兵也并非没有可能。

想当初，包括共享单车在内的分享经济之所以得到广泛认可，就是因为其可以用较小的交易成本利用闲置资源。凡有人在，皆有剩余；凡有剩余，皆可共享。这一新经济模式为可持续发展提供了极具操作性和变革性的手段。有望缓解能源、环境危机难题，即通过共享，可大规模地提高生产要素及物品的流通和使用率。但现实很骨感，不少共享单车平台随后的很多操作背离了初心，资源消耗与浪费触目惊心，引人诟病。还不如一些社区组织居民捐出废旧自行车，统一修缮改造后投放在社区各治安亭，供居民登记使用的模式更具有分享经济特征。

更令人无语的是，抛去在押金上打主意不说，诸如小黄车这样的头部平台，落败前也早有端倪，车辆锈迹斑斑，材质轻薄远不如消费者自家的自行车，十辆有九辆会有各种问题，从车锁没电打不开到掉链子，还往往是扫码后才发现，耽误本就着急的消费者的时间。这些现象，让人怀疑创业者心思全在资本运作上，用户在这一刻只不过成为其引资白皮书里面的一个数字。特别是，平台并无拿出半分钱来改进用户体验，大有“捞一把跑路”之势，后来也证明事实如此。

时至今日，共享单车市场应当说好不容易尘埃落定时，多数重点城市的共享单车市场开始进入有序、规范发展阶段，从信用免押金到

APP 强制规范停车区域，可以说终于迎来了市政监管、用户与平台都希望看到的局面。怎奈现今跳出来“迎接”用户的，却是简单粗暴、陡然飙升的用车价格与全然消失的优惠，这使得当初拿出极大的热情与开放的心态尝鲜，扶这些共享单车企业上位，助其创始人杀入富豪榜的千百万普通用户，不禁感到一阵心寒，也给历经艰辛回归正途的共享单车行业发展再添一份不确定因素。

八 运营商对携号转网不妨大方些

当前，越来越多的手机用户已经懒得连 WIFI 上网，而是直接拿着手机号自身的流量上网，因为在政府一再提倡提速降费之下，流量费实实在在降了，值得一提的是，携号转网可能成为一种趋势，所谓携号转网，是指用户在不改变原有手机号码情况下，将手机服务从一个运营商更换为另一个运营商。例如，用户目前使用的是移动的手机号码，携号转网至电信或联通之后，用户可以继续使用原移动号码，而把网络转化到电信或联通，并可使用其提供的套餐。

根据 2019 年政府工作报告的要求，2019 年年底之前所有手机用户将可以实现自由携号转网，理论上用户对一家公司不满意了，可以带着号选择另外一家提供服务。从以往为了保全一个常用手机号，不得不忍气吞声，发展到可以用脚投票，带号走人，可谓一大进步。不过，根据《人民日报》等媒体记者的调查发现，携号转网试点地区已暴露出诸多问题，如用户在携号转网过程中一不留神就会掉进各种“坑”里，前有申请转网重重障碍，后有转网即成“二等用户”，原手机号的基本使用成了问题。与此同时，运营商似乎也有委屈，技术限制与转型磨合遭遇种种责难，又要想方设法留住用户。

不过，对于客户来说，携号转网的好处自然是实实在在，别的不说，久违的中国移动 8 元套餐重出江湖，内含 30 分钟国内通话时长。

中国电信“最低套餐”横空出世，费用仅需3元，套餐包括100分钟语音通话，享受1元800M的定向流量。携号转网实施之前，这些运营商显然没有丝毫动力来提供类似实惠套餐，恰恰相反，是一再提升套餐，即实质上的“月租”费用。携号转网实施后，在网络质量相当的情况下，价格更便宜的运营商无疑将会在市场上胜出，为了争夺客户，运营商的价格战在所难免，客户乐得实惠。

而运营商的委屈，更多的可能是对过往“躺着挣钱好日子”的迷恋。抛开纯粹的技术层面，营收恐怕才是携号转网带来的根本压力所在。对运营商来说，不仅面临流失用户的压力，也面临竞争对手的压力。面对压力，运营商的第一反应是给用户“挖坑”，“幽禁”用户。部分运营商往往采取减少经办网点、捆绑业务套餐、延长排队时间等做法变相设置障碍。其实这些运营平台过往挣得并不少，现在设置种种障碍，实在令人不齿。

统计数据显示，目前全球已有70多个国家可以实现携号转网。美国早在1996年就已经开始推广携号转网；在日本，NTT DOCOMO、KDDI及Softbank三大运营商于2006年开始实行携号转网。在美国、日本等发达国家，携号转网手续相当简单，当天即可完成。大势所趋之下，用户在运营商之间高度自由的转换，是机遇也是挑战，携号转网政策全面落实后，差异化服务将会凸显，运营商有动力去完善网络和服务，提高经营和服务效率，促进运营商转型升级，重构商业模式。若对自己的服务有信心，非但不会流失客户，还会吸引别的平台用户“投奔”，更不会给客户设置障碍。

另外据悉，5G网络制式统一后，随着技术的演进，各运营商将可能会大力推广嵌入式SIM卡，用户只需要根据自身需求，通过软件选择运营商即可。运营商间目前存在的各种利益屏障，整个通信运营商的商业模式都将被颠覆，没有人在乎这一点。个人用户可以不再被单个运营商所捆绑，用户选择运营商的权利将交由手机或者 APP 入口。理论上在无感知的情况下，手机和 APP 会自动帮用户选择当前使用网络位置资费最低、信号更佳的运营商网络。前景既已如此，现时政策有号召，太多用户有需求，运营商为何不能痛快一些，大方一点。

跋

书稿完成之时，正值媒体上围绕“996”工作时限论战正酣。既知“996”，仍然没有走，说明有太多员工因个人或者家庭的某种原因，选择了忍受。世上本无桃源，很多事情是出于没有办法。虽说海德格尔（德国存在主义哲学大师）鼓励我们生命充满了劳绩，还是要诗意地栖居。但讨生活的底层中年人，毕竟经不起一点意外。这就引出了另外一个话题，如何保卫好自己来之不易的财富与收入，发财不发财倒在其次，如何不被割了韭菜，则是本书各篇目想要告诉读者的。

人很难忍受损失，何况因骗致贫，因骗返贫带来的种种羞愤。无奈近年来在互联网金融助攻下，新型网络终端诈骗、非法集资带来的冲击较大，多地投资者因缺乏财经素养，深陷泥潭，处境尴尬。理财投资与一般生活消费不同，事关客户本人生活质量，甚至家庭关系的存亡。对于部分中老年客户或贫困家庭而言，一旦受损往往难以凭借自身努力“翻身”。每一个这样的客户或者家庭都对应一个痛苦的数字，甚至能直接引发当事人的生理痛苦或恶疾。

个人财富的积累与社会进步一样，不怕慢，就怕倒退和停滞不前，以狂奔的速度倒退或者误坠深渊，男默女泪（网络流行语，即男生看了会沉默，女生看了会流泪）。丘吉尔曾说过，没有终局的成功，也没有致命的失败，重要的是继续前进的勇气。

不可否认的是，很多非金融领域的人士对普通的投资操作没概念，注意力仅在收益率，但骗子同样也可以故意用低收益率来佐证自己的靠谱，反而可以骗得更多。此外，如果只知道要努力，却不知道努力的方向，反而会加重很多人的焦虑感。唯有真相能够带来结果，尽管过程难挨，但每个人都有权利走出谎言，迎接新的生活。在这一过程中，包括本书在内的诸多书籍当有所帮助。不少读书人因眼高手低、净资产过低容易沦落为笑柄。本书作者作为过来人，对个中甘苦完全感同身受。虽然字里行间把话说得如此直白裸露，但也看出作者的真诚。

本书得以面市有必然性，必然是因为仰仗《证券时报》的孙勇、黄小鹏，《上海证券报》的沈飞昊，《新京报》的王宇、陈莉、汪世军，《南方都市报》的何起良，《中国城乡金融报》的沈露露、白鹏，腾讯“证券研究院”的肖丹，《中国经营报》的张朝，“澎湃新闻”的沈彬等多位老师的厚爱与督促。这些良师益友无论是对于国家与社会的热爱，还是其自身学术修养，以及对于纸媒的坚守，皆令人敬佩。更为关键的是，这些老师不仅自己勤奋，还间接鞭策我们坚持写作。若无他们的约稿，这些篇什不可能自觉完成，也就没有这本书的面市。众所周知，太多人往往写得不差，见识也不缺，可惜无人督促，从而难以坚持下来。

本书得以面市又实属偶然，偶然是因为得益于《每日经济新闻》报社原资深编辑，现优质内容运营机构考拉看看·钱瞻品牌联合创始人姚茂敦先生的极力促成。茂敦兄自身著述颇丰，又有深耕专业财经传媒的不凡履历，以情谊“要挟”，以经验“盯人”，让我们如芒在背，终能按时交稿。此外，还要特别感谢四川人民出版社编辑老师的厚爱。最后，特别感谢供职单位的领导与同事对我们班门弄斧的宽容与帮助。

工商社会，时间宝贵，也感谢翻阅至此的你。

是为跋。

2019 年 4 月于上海